연합하여 동거함이 아름답도다

IGC 연합교회 개척 이야기

연합하여 동거함이 아름답도다

지은이 · 김영신, 배익환, 서경남, 장상길
초판 발행 · 2017. 3. 27
등록번호 · 제1988-000080호
등록된 곳 · 서울특별시 용산구 서빙고로65길 38
발행처 · 사단법인 두란노서원
영업부 · 2078-3333 FAX 080-749-3705
출판부 · 2078-3331

책값은 뒤표지에 있습니다.
ISBN 978-89-531-2815-6 03230

편집부에서 독자의 의견을 기다립니다.
tpress@duranno.com   http://www.duranno.com

두란노서원은 바울 사도가 3차 전도 여행 때 에베소에서 성령 받은 제자들을 따로 세워 하나님의 말씀으로 양육하던 장소입니다. 사도행전 19장 8-20절의 정신에 따라 첫째 목회자를 돕는 사역과 평신도를 훈련시키는 사역, 둘째 세계선교(TIM)와 문서선교(단행본 · 잡지) 사역, 셋째 예수문화 및 경배와 찬양 사역, 그리고 가정 · 상담 사역 등을 감당하고 있습니다. 1980년 12월 22일에 창립된 두란노서원은 주님 오실 때까지 이 사역들을 계속할 것입니다.

연합하여 동거함이 아름답도다

IGC 연합교회 개척 이야기

송도예수소망교회 김영신 목사

제자감리교회 배익환 목사

인천온누리교회 서경남 목사

송도주사랑교회 장상길 목사

두란노

● IGC 연합교회 담임목사 소개

김영신 목사(송도예수소망교회)
Pastor. Young Shin, Kim
(Songdo Jesus Hope Church)
金永信 牧师 (松島耶穌希望教会)

배익환 목사(제자감리교회)
Pastor. Ick Hwan, Bae
(Disciples Methodist Church)
裵益換 牧師 (门徒监理教会)

서경남 목사(인천온누리교회)
Pastor. Kyung Nam, Suh
(Onnuri Community Church, Incheon)
徐敬南 牧师 (大地教会, 仁川)

장상길 목사(송도주사랑교회)
Pastor. Sang Gil, Jang
(Songdo Jusarang Church)
張相吉 牧師 (松島神的愛教会)

● IGC 내 외국 대학교 총장 소개

김춘호 총장(한국뉴욕주립대학교)
President Choon Ho Kim
(The State University of New York, Korea)
校长 Choon Ho Kim (韩国纽约州立大学)

Steven K. Lee 총장(한국조지메이슨대학교)
President Steven K. Lee
(George Mason University Korea)
校长 Steven K. Lee (韩国乔治梅森大学)

David W. Pershing 총장(유타대학교)
President David W. Pershing
(The University of Utah Asia Campus)
校长 David W. Pershing (犹他大学 亚洲校园)

Anne De Paepe 총장(겐트대학교)
President Anne De Paepe
(Ghent University Global Campus)
校长 Anne De Paepe (坎特大学国际校园)

송도예수소망교회 Songdo Jesus Hope Church 松島耶穌希望教会

제자감리교회 Disciples Methodist Church 门徒监理教会

인천온누리교회 Onnuri Community Church, Incheon 大地教会, 仁川

송도주사랑교회 Songdo Jusarang Church 松島神的爱教会

▶2016.10.21. 송도 지역 식당
IGC 연합교회의 창립을 위해 지역 교회 목사들이 함께 모이다.(좌로부터) 서경남 목사(인천온누리교회),
장상길 목사(송도주사랑교회), 배익환 목사(제자감리교회), 오성연 원장(SUNY Korea ESDI),
김영신 목사(송도예수소망교회), 홍정민 교수(SUNY Korea GCC)

▶ 2016.12.14. 쉐라톤 그랜드 인천 호텔
외국 대학교 대표들과 지역 교회 목사들이 만나 IGC 연합교회에 대한 생각을 함께 나누다.
(좌로부터) John Christ 학장 (조지메이슨대학), 김영신 목사 (송도예수소망교회), 정형권 부목사 (인천온누
리교회), 김종수 부총장 (뉴욕주립대), Todd Kent 학장 (유타대학), 장상길 목사 (송도주사랑교회), 박준성
부목사 (제자감리교회), 한태준 부총장 (겐트대학), 임규택 팀장 (IGC), 장수완 전도사 (SUNY Korea ESDI)

▶ 2017. 1. 10. 겐트대학교 강당
IGC 연합교회 창립기념감사예배를 드리다. 말씀과 축도는 오규훈 총장(영남신학대학교), 특송은 박종호 성가사
가 섬겼고, 네 분의 담임목사들과 성도들, 학교 관계자들이 함께 모여 감사예배를 드리다.

▶ 2017. 1. 10. (주) 제너셈 8층 예배실
창립기념감사예배 후 IGC 연합교회 예배가 드려질 예배실에 방문하여 함께 기도하다.

IGC 연합교회 예배실이 있는 ㈜ 제너셈 건물

Part 3 Introduce Four Universities at IGC

Part 4 Conclusion: The Mission of IGC Community Church

PART 01

캠퍼스 교회 개척을 위한
아름다운 연합

1. IGC(Incheon Global Campus)를 주목하십시오!

2003년, 대한민국 정부는 인천광역시 송도, 영종, 청라 세 구역을 '인천 경제자유구역'(Incheon Free Economic Zone/IFEZ)으로 지정하였는데, 이는 국내에서 처음으로 지정한 경제자유구역입니다. 이중 송도 지구는 최첨단 정보통신 인프라와 비즈니스센터를 갖춘 국제 비즈니스 센터를 목표로 개발해 오고 있습니다. 그 일환으로 2009년 IGC(Incheon Global Campus)가 설립되어 동북아 최고의 글로벌 교육 허브로서 대한민국의 교육 혁신과 경제, 산업, 문화, 예술 등 각 분야를 이끌어 갈 차세대 글로벌 인재를 양성하는 터전이 되고 있습니다. 현재 IGC에는 4개의 외국 공립대학이 개교하였고, 향후 외국 명문 대학 10개교를 유치하여 학생 1만 명이 공부할 수 있는 공동 캠퍼스를 조성할 계획을 가지고 있습니다. 대한민국 교육의 미래를 보고 싶다면 바로 이곳, IGC를 주목하십시오!

2. IGC에 있는 네 개의 외국 대학교, 이곳이 바로 선교지입니다

현재 IGC에 들어와 있는 외국 대학교

학교명(영문)	학교명(한글)	나라	개교 일시
SUNY(The State University of New York) Korea	한국뉴욕주립대학교	미국	2012. 3
George Mason University Korea	한국조지메이슨대학교	미국	2014. 3
The University of Utah Asia Campus	유타대학교 아시아캠퍼스	미국	2014. 9
Ghent University Global Campus	겐트대학교 글로벌캠퍼스	벨기에	2014. 9

외국 대학교에서 공부하는 학생들이 궁금하시죠?

1) 4개 대학 모두 미국과 벨기에의 공립대학교로 학업을 마치면 본교와 동등한 학위를 받습니다.

2) 모든 학생은 영어로 수업하고 생활하며 기숙사 생활을 합니다.

3) 외국인 학생과 한국인 학생의 대략적인 비율은 외국인 30%, 한국인 70%입니다.

4) 학교는 4개이지만 도서관과 체육관, 식당을 다 함께 공유합니다.

5) 4개 학교 책임자(대표)와 학사는 각각 다르며, 본교는 미국과 벨기에 현지에 있습니다.

6) 4개 학교에 유학 온 외국인 학생들의 국적은 약 35개 국가입니다.

7) 교수와 교직원은 약 110명, 재학생은 약 1500명입니다. 모두 IGC에서 함께 생활합니다.

IGC는 학생들이 학업에만 몰두하기에 꼭 알맞은, 수도원과 같은 환경이 조성된 곳입니다. IGC 인근에 유흥가는 물론 영화관, 상점, 음식점은 단 한 곳도 없으며 오직 학교 식당과 매점만 있습니다. 마트와 백화점 등의 큰 상가는 학교에서 도보로 20분 이상 걸어가야 하고, 아파트나 주택 등도 도보로 20분 거리에 떨어져 있습니다. 그만큼 청정 지역이라 할 수 있으나 지역 교회들 역시 도보로 30분 이상 떨어져 있어 예수님의 복음과 사랑이 필요한 선교지입니다. 예수님의 복음과 사랑을 품은 여러분을 이곳 IGC에 초청합니다.

3. 캠퍼스 선교를 위해 교단과 교회는 다르지만 한마음으로 연합하였습니다

한국 교회도 송도 지역의 중요성을 공유하며 송도와 IGC를 위해 기도해야 할 때입니다. 특히 IGC는 세계 각국에서 추천받은 엘리트 학생들이 들어와 공부하는 곳으로 선교적인 관점에서 매우 중요한 곳입니다. 외국인 학생들은 3년 이상 IGC에서 생활하며 공부하는데, 이곳에서 예수님을 만나고 제자로 세워져 다시 본국으로 돌아간다면 이보다 효과적인 선교사역도 없을 것입니다. 그리고 이를 하나님께서 기뻐하실 것이라 믿습니다.

그러나 현재 IGC에 들어와 있는 4개 외국 대학교는 공립 또는 주립대학으로서 외국 대학의 특성상 학교 내 교회 설립이 불가능할뿐더러 IFEZ(인천경제자유구역) 특별법에 의해 IGC 캠퍼스의 전체 건물 소유자는 한국 정부여서 학교 내 교회 설립이 어렵습니다.

한편, 대한민국 대학생 100명 중 교회에 출석하는 학생은 5명이 채 넘지 않습니다. 안타깝지만 한국의 대학생, 청년들이 선교 대상 국가 지정을 받는 것이 우리의 현실입니다. 대학은 교육과 연구를 통해 전문 지식을 가르치고 사회 지도층을 양성하는 것이 사명입니다. 따라서 진리를 가진 공동체인 교회가 더욱 책임감을 가지고 미래의 사회 지도층이 될 대학생들을 돌보고 양육해야 할 것입니다. IGC 연합교회는 이러한 책임과 사명을 가지고 2016년 8월부터 한 발 한 발 나아가고 있습니다. IGC는 4개 대학 재학생 1500명, 교수와 행정 직원 110명, IGC시설관리 직원 180명, 이들의 가족까지 더하면 2000여 명이 사는 동네입니다. 이들을 섬길 교회가 간절히 필요한 상황입니다.

한국뉴욕주립대학교 김춘호 총장의 제안으로 송도 연수구에 위치한 4개

교회가 주축이 되어 하나의 캠퍼스 교회를 개척하자는 계획을 가지게 되었고, 한국뉴욕주립대학교 교육학교개발원(SUNY ESDI) 오성원 원장과 장수완 전도사가 준비 행정업무로 섬기게 되었습니다. 송도예수소망교회(김영신 목사), 제자감리교회(배익환 목사), 인천온누리교회(서경남 목사), 송도주사랑교회(장상길 목사)의 담임목사들은 2016년 10월 21일 금요일 송도 시내 모 식당에서 모여 송도 지역 교회가 연합하여 IGC에 대학생을 위한 교회를 개척할 것을 다짐하였습니다. 교단과 교회는 다르지만 캠퍼스 선교를 위해 함께 연합하게 된 것입니다.

IGC 연합교회를 개척하는 송도 지역의 4개 교회

교회명	담임목사	위치
송도예수소망교회	김영신 목사	인천광역시 연수구 인천타워대로 54번길 9
제자감리교회	배익환 목사	인천광역시 연수구 해돋이로 84번길 3
인천온누리교회	서경남 목사	인천광역시 연수구 테크노파크로 113 프리스페이스
송도주사랑교회	장상길 목사	인천광역시 연수구 해돋이로 90

4개 교회의 담임목사들이 첫 모임에서 결정한 내용은 다음과 같습니다.

1) IGC의 대학생을 위한 교회 이름을 IGC 연합교회(IGC Community Church)로 정한다.
2) IGC 연합교회는 영어를 공식 언어로 사용한다.
3) 4개 지역 교회는 IGC 연합교회를 선교지에 있는 교회로 생각하여 모든 지원을 아끼지 않는다.
4) 준비 행정 업무는 SUNY Korea ESDI(한국뉴욕주립대학교 교육학교개발원)이 담당한다.

이처럼 지역 교회 목사들의 아름다운 헌신과 연합으로 IGC 연합교회가 첫발을 내딛게 되었습니다.

4. IGC 연합교회를 통해 하나님 나라의 아름다운 모형을 제시하기 원합니다

IGC 연합교회가 가지는 의미는 다음과 같습니다.

1. 송도에 위치한 4개 지역 교회가 모체가 되어 대학생을 위한 하나의 교회 개척을 위해 초교파적으로 서로 연합함으로 하나님 나라의 아름다운 모형을 제시한다.

2. 송도국제업무단지에 위치한 글로벌캠퍼스 교회에 합당하게 영어를 공용어로 사용하여 한국 교회의 국제화를 선도한다.

3. 현재 우리나라에 체류하는 외국인 거주자는 200만 명이며, 이중 외국인 유학생은 10만 명으로 매우 빠르게 증가하고 있다. 이는 향후 교육과 비즈니스의 국제화와 더불어 한국인 출산율 저하, 산업 노동력 부족, 해외 인력 유입 등으로 300만 명에서 500만 명까지 예상된다. IGC 연합교회는 앞으로 더욱 가속화될 국제화 시대를 선도하는 교회의 중요한 사례가 될 것이며, 다음 세대의 한국 교회에 좋은 롤모델이 될 것이다.

4. 한국에 유학을 온 외국인 학생 약 10만 명 중 90%는 그리스도인이 아니다. 이제는 선교사를 파송하는 선교에 이어 우리에게 가까이 들어와 있는 외국인을 위한 선교가 더욱 중요해지고 있다. 특히 외국인 유학생에게 복음을 전하고 그들을 제자 삼는 일은 한 나라를 복음화할 영향력 있는 리더를 세우는 일이다.

5. 한국뉴욕주립대학교의 GCC가 IGC 연합교회의 씨앗이 되었습니다

한국뉴욕주립대에서는 3년 전 GCC(Global Campus Church)라는 이름으로 세 가정이 뜻을 모아 예배를 시작하였습니다. 그동안 한국어 예배(전기호 목사)와 영어 예배(송승헌 목사)를 통해 80여 명의 학생들이 예배에 참여했고, 이를 위해 교직원 몇몇 가정이 귀한 사랑을 베풀며 예배를 이어 왔습니다. 특히 매주 김밥과 라면 등 학생들에게 필요한 것들을 제공하며 섬겨 왔습니다. GCC의 모임은 IGC 연합교회가 세워지는 데 귀한 믿음의 씨앗이 되었습니다.

6. ㈜제너셈(Genesem Inc.) - "예배 공간, 점심은 우리가 담당하겠습니다"

IGC 건너편에는 제너셈이라는 회사가 위치해 있는데, 사옥 건물의 외벽이 십자가를 상징합니다. 이 회사를 이끄는 한복우 대표이사는 인천제일교회의 성도로서 사옥의 8층 전체를 IGC 연합교회 예배당으로 꾸며서 제공해 주었습니다. 그는 IGC 출범부터 학생들을 섬기기 위해 기도하며 준비해 온 하나님의 일꾼입니다. 우리는 한 대표를 통해 모든 필요를 아시고 채워 주시는 여호와 이레 하나님을 다시 한 번 체험하게 되었습니다. 제너셈은 예배 공간뿐 아니라 매주 예배에 참석하는 학생들을 위해 점심을 제공해 주고 있습니다. 아름다운 섬김에 늘 감사하며 제너셈을 위해 IGC 연합교회 성도들은 한마음으로 기도하고 있습니다.

PART 02

IGC 연합교회 창립자
목사님들의 메시지

chapter 01
_____

송도예수소망교회
김영신 목사

송도예수소망교회를 소개합니다

여러분을 송도예수소망교회의 경건한 예배에 초청합니다. 예배는 하나님과 만나는 소중한 시간입니다. 참된 예배자는 하나님과 만나기를 기도하며 먼저 경건하게 마음을 준비합니다. 예배 전에 미리 예배당에 나와 세상을 살면서 다치고 어지러워진 마음을 정리하고 새로운 마음으로 예배를 시작하십시다. 경건한 예배 중에 친히 찾아오시는 하나님의 임재하심을 체험하는 시간이 되기를 기도합니다.

김영신 목사 인사말

베드로를 향해 "네가 나를 사랑하느냐?", "내 양을 먹이라" 하시던 주님의 말씀은 주님이 저를 부르신 말씀입니다. 목회는 '말씀'이며 설교는 오늘에 이루어지는 '그 말씀의 소통'이라고 저는 믿습니다. 저를 일깨워 준 귀한 진리를 제게 허락해 주신 성도들과 함께 나눌 것입니다. 하나님 앞에서 늘 불충한 모습에 부끄러움이 있지만 이 모습 이대로 쓰시는 하나님의 은혜를 믿기에 부름 받은 소명에 충성을 다하고자 합니다.

목회 철학

1. 경건한 예배

하나님이 바로 내 앞에 계시다면 우리가 무엇을 할 수 있겠습니까? 침묵할 수밖에 없습니다. 따라서 침묵은 가장 적극적인 예배적 응답입니다. 교회는 만민이 기도하는 집입니다. 구제기관도 아니고 선교기관도 아니고 교육기관은 더더욱 아닙니다. 경건한 예배를 통해 말씀과 성령의 역사가 충만한 예배적인 교회를 지향하는 송도예수소망교회가 될 것입니다.

2. 주일의 안식일화

송도예수소망교회는 '주일의 안식일화'라는 목회적 원리를 지켜 나갈 것입니다. 이를 위해 주일을 예배 중심으로 지내도록 할 것입니다. 각종 모임은 주중에 이루어질 것이며 교회 운영을 위한 회의도 되도록 평일에 갖도록 할 것입니다. 주일 예배 후에는 주로 가족 간 친교 모임을 갖거나 가족 단위로 도움이 필요한 곳을 찾아 위로하고 봉사하며 예배를 통하여 받은 은혜와 기쁨을 나누는 즐거운 시간을 갖도록 권면할 것입니다.

3. 일상적 영성

월요일부터 토요일까지 새벽 5시 30분부터 담임목사가 직접 인도하는 새벽기도회는 하루의 첫 시간을 하나님께 드리는 경건한 기도자로서 생활하게 하고 건강한 영성을 가질 수 있도록 돕습니다. 이른 새벽 세상일로 고민하기 전에 먼저 주의 뜻과 지혜를 구하며 하루를 시작하면 기도하는 마음으로 하루를 살게 될 뿐 아니라 일상의 모든 일이 기도 응답으로 받아들이며 영성의 삶을 살게 됩니다. 하나님은 그런 성도의 삶을 기뻐하십니다.

4. 익명적 헌신

송도예수소망교회는 어떤 개인의 헌물과 선행과 봉사도 교회나 사람 앞에 어떤 형태로든 공식적으로 공표하는 일이 없을 것입니다. 모든 성도가 외식하지 않도록 성경의 말씀대로 오른손이 하는 일을 왼손이 모르게 하여 익명적인 헌신의 원리를 지켜 나갈 것입니다. 송도예수소망교회의 모든 성도가 하나님이 원하시는 익명적 헌신을 통해 남이 알 수 없는 나만의 기쁨, 세상이 알지 못하는 믿는 자만의 감격으로 충만하실 수 있기를 간절히 기도합니다.

5. 자원적 봉사

우리에게는 '예배와 예배화된 삶'이 필요합니다. 하나님을 예배한 자들은 일상의 삶도 예배가 되어야 합니다. 예배화된 삶은 여러 공동체 활동에서 누구보다 자원하는 봉사의 삶으로 드러나게 됩니다. 특히 교회에서 하는 모든 봉사는 자원하는 마음으로 할 때 합력하여 선을 이루게 됩니다. 그럴 때 교회는 다양하게 배우고 친교하며 사역하고 선교하는 공동체가 될 것입니다.

6. 가정의 교회화

함께 여행할 때 기쁨이 배가 되듯이 신앙의 여정도 온 가정이 더불어 해야 합니다. 가족이 신앙의 동반자가 되어야 합니다. 함께 하나님을 예배하고, 하나님의 말씀을 읽고, 서로를 위해 기도하는 가정의 교회화를 돕는 송도예수소망교회가 될 것입니다. 송도예수소망교회는 가정예배 저널인 〈숲길〉을 출간해 누구나 가정에서 쉽고 유익하게 가정예배를 드릴 수 있도록 하고 있으며, 그밖에 어머니교실, 아버지교실, 부부교실 등의 다양한 교육 프로그램을 통해 가정을 든든히 세우고 있습니다.

7. 종말론적 가치관

신앙의 본질은 이 땅에서의 성공이 아닙니다. 우리 주님은 이 땅에서 부유해지고 건강하며 성공하는 것을 약속하시지 않았습니다. 영원에 잇대어 오늘을 사는 종말론적인 가치관이 신앙의 중심이요, 본질입니다. 예수 그리스도가 다시 이 땅에 오시는 그날을 기대하며, 인생을 마무리하고 주님을 뵙는 그날을 고대하는 종말론적 가치관과 신앙이 확실할 때에만 우리의 믿음은 생명력과 능력을 가질 수 있습니다.

◆ 예배 안내

- 예배 시간 : 주일예배

   1부 오전 7:30   2부 오전 9:00

   3부 오전 10:30   4부 정오 12:00

   (주중 예배 및 부서별 예배는 홈페이지를 참고해 주세요.)

- 교회 위치 : 인천광역시 연수구 인천타워대로 54번길 9 에몬스플라자 4층
- 교회 연락처 : 032-858-3600
- 홈페이지 : www.sdjesushope.org

행복한 가정생활 - '십리를 동행하라'

송도예수소망교회 김영신 목사

38 또 눈은 눈으로, 이는 이로 갚으라 하였다는 것을 너희가 들었으나 39 나는 너희에게 이르노니 악한 자를 대적하지 말라 누구든지 네 오른편 뺨을 치거든 왼편도 돌려 대며 40 또 너를 고발하여 속옷을 가지고자 하는 자에게 겉옷까지도 가지게 하며 41 또 누구든지 너로 억지로 오 리를 가게 하거든 그 사람과 십리를 동행하고 42 네게 구하는 자에게 주며 네게 꾸고자 하는 자에게 거절하지 말라(마 5:38~42)

삼구개발이라는 인력대행업체가 있습니다. 창업주는 원래 구두닦이 출신입니다. 여름에는 아이스케키, 겨울에는 메밀묵을 팔던 분이 40여 년 전에 청소부 3명을 데리고 창업을 했습니다. 미화원과 경비원을 파견하는 회사인데 현재 이 기업의 1년 매출이 2천억 원입니다. 이 회사의 표어가 너무 재밌습니다. "마당쇠를 전문가로 아줌마를 여사님으로." 이 회사의 직원들은 이렇게 말합니다. "교수님도 의사분도 변호사님도 노동자가 될 수 있고 청소부와 경비원도 전문가가 될 수 있다."

그렇습니다. 기쁨으로 일할 수 있다면 청소부와 경비원도 전문가요, 기쁨이 없다면 교수님도 변호사도 노동자일 뿐입니다. 보통 청소대행업체 직원들이 눈이 많이 오는 날에는 지각을 많이 합니다. 9시 오던 사람도 9시 반에 옵니다. 그런데 이 회사는 눈이 오는 날은 7시까지 옵니다. 전문가니까. 직원들이 청소하고 돌아오면 문 앞에 사장님이 서 있다가 "아이고 여사님, 수고하셨습니다" 하며 '아줌마를 여사님으로' 높여 줍니다. "마당쇠를 전문가로 아줌마를 여사님으로", 자고로 행복의 비결은 그 자세에 달려 있습니다. 똑같은 일을 노동으로 느끼는 사람이 있고 오락으로 느끼는 사람이 있습니다. 그 마음가짐에 따라 한 사람은 낙원에 살고 한 사람은 지옥에 삽니다.

병원을 운영하는 집사님 병원에서 직원들과 함께 신년예배를 드리면서 이런 말씀을 나눴습니다. "저는 병원에 대해서 아무것도 모르는 사람입니다. 의학에 대해서는 아무것도 모릅니다. 그러나 어떤 병원이 좋은 병원인지는 나름대로 생각하는 게 있습니다" 하고 드린 말씀이 이것입니다.

"예전에는 좋은 병원을 어떻게 생각했느냐면, 좋은 시설이 있고 좋은 장비가 있고 좋은 기술이 있는 병원, 소위 Physical Capital, 즉 물리적 자본을 중요하게 생각했습니다. 그리고 조금 지나서 두 번째로 발전된 개념이 돈과 기술이 아니라 인재가 중요하다고 생각하게 되었습니다. 소위 말하는 Human Capital로 넘어갔지요. 인적 자본이 중요하다고 생각했습니다. 그러나 지금은 아닙니다. 훌륭한 의사 선생님들끼리 매일 싸우는 병원, 최악의 병원이지요. 그렇다면 이제는 뭐가 중요한 시대인가 하면 Social Capital, 사회적 자본이 중요합니다. 저 병원 가면 기쁘다고, 저 병원 가면 즐겁다고, 행복하다고 소문이 나야 합니다. 그러니 이제 어떻게 해야겠습니까? 잘 웃어야지요. 친절하게 환자들을 대해야지요. 나 스스로가 기쁨이 넘쳐서 일해야 하고, 한 분 한 분 정성껏 치료해야 합니다. 억지로 일하는 것이 아니라 자원하는 마음으로 일하는 것입니다."

성공이란 무엇입니까? 성공이란 소유도 지식도 권력도 명예도 아닙니다. 성공은 곧 행복입니다. 행복이란 무엇을 가졌느냐, 무엇을 했느냐에 있지 않고 어떻게 하느냐 하는 그 자세에 있다는 것을 깊이 생각해야 합니다. 행복은 언제 구체적으로 경험되는 것입니까? 첫째는 얼마나 그 일에 집중하며 후회 없이 최선을 다하고 있는가입니다. 둘째는 얼마나 그것을 즐기고 있는가입니다. 에디슨의 유명한 말이 있습니다. "나는 한평생 많은 일을 했지만 한 번도 노동을 해 본 적이 없다. 하고 싶어서 한 일이니까. 즐거워서 했지 누가 시켜서 한 것이 아니고 부득이해서 한 일이 아니다. 내 생애에 노동은 없다." 유명한 말입니다. 얼마나 즐겼느냐가 중요한 것입니다. 그다음은 얼마나 감사했느냐입니다. 일하게 된 것에 감사하고 건강한 것에 감사하고 내가 살아가고 있다는 자체에 감사하는 사람이 행복합니다.

오늘 본문 말씀은 그 유명한 산상수훈 중에 나오는 말씀입니다. 마태복음 5장부터 7장까지의 세 장을 가리켜 우리는 예수님이 산 위에서 하신 설교라 해서 산상설교라고도 하고 산상보훈 또는 산상수훈이라고 부릅니다. '신앙인은 이렇게 살아야 된다.' 예수님께서 친히 주신 말씀입니다. '속옷을 달라 하면 속옷만 아니라 겉옷까지 주어라, 길을 모르니 오 리만 같이 가 주세요 하거든 십리를 같이 가 주어라.'

부득이해서 오 리까지 같이 갔습니다. 이제 내가 생각합니다. 이 사람은 나보다 더 가야 할 사람입니다. 내가 오 리까지만 가고 만다면 이 사람은 나머지 오 리는 혼자 가야 할 것입니다. 자발적으로 남은 오 리를 함께해서 십리까지 가는 것입니다. 처음 오 리는 억지로 간 것이지만 다음 오 리는 자발적으로, 능동적으로, 자유함으로 선택하여 가는 것입니다. 발단과 시작과 출발은 억지로 그리고 모르고 되는 경우가 많습니다. 알고 하는 것이 아닙니다. 모르고 하는 것입니다. 어찌어찌 해서 그렇게 된 것입니다. 우리가 선택하는 길도 있지만 근본적으로 주어진 일들이 더 많습니다. 운명을 우리가 정할 수 있나요? 부모형제를 내가 선택한 것 아닙니다. 도대체 오 리를 가고 싶어서 간 게 아닙니다. 상황이 그래요. 사건이란 피동적으로 시작되는 것이 많습니다. 그러나 내가 어떻게 마음을 먹느냐가 중요합니다. 주어진 인생을 살더라도 이제 동기를 바꾸어야 합니다. 이제까지는 모르고 살았지만 이제부터는 알고 사는 겁니다. 모르고 출발했더라도 이제부터는 알고서 남은 길을 가는 것입니다.

어떤 여집사님은 늘 입에 달고 다니는 말이 남편이 하도 쫓아다녀서 불쌍해서 결혼해 줬다는 것입니다. 몇 십 년을 그걸 우려먹어요. 예쁘장한 여집사님인데 얼마 전에 권사님이 되셨습니다. 하지만 여전히 남편이 하도 쫓아다녀서 결혼해 줬다고 말하고 다닙니다. 권사가 되어도 바뀌지 않습니다. 딴에는 그것이 자기 몸값을 올리는 줄 아는 모양인데, 얼마나 어리석은 생각입니까? 아무리 남편이 1년 365일을 쫓아다녔다 해도 결혼한 날부터는 마음을 바꿔 먹어야지요. 내가 선택했다고 말입니다. 처음은 내 뜻이 아니었더라도 이제는 내가 선택한 것입니다. 오 리를 가긴 했지만 그것은 남의 길입니다. 내 길이 아닙니다. 십리를 동행하라. 이제부터가 내가 가는 길입니다. 자발적인 길, 내가 선택한 길입니다. 하고 싶어서 하는 것이지 강요해서 하는 것이 아닙니다.

억지로 행하는 마음이 자원하는 마음으로 바뀔 때 그때부터 그 일이 귀한 일이 됩니다. 회사에 휴지가 떨어져 있습니다. 그 휴지를 줍는 사람은 딱 두 사람입니다. 한 사람은 그 회사의 사장이고 또 한 사람은 그의 지위가 어떠한지, 어떤 일을 하는지 알 수 없어도 그는 앞으로 그 회사의 사장이 될 사람입니다. 이제 창의적이지 않고는 미래에 살아남을 수가 없습니다. 억지로 끌려가서는 살아남지 못합니다. 이제 선택적으로 살아야 합니다. 주도적으로 살아야 합니다. 자원적으로 살아야 합니다. 오 리를 부탁합니까? 십리를 가 주십시오. 속옷을 달라고 합니까? 겉옷까지 주는 마음으로 사십시오.

은퇴하신 분들의 이야기를 많이 듣습니다. 월급 안 받아도 좋으니 일만 할 수 있으면 좋겠다는 겁니다. 일이 있다는 것이 얼마나 감사한 일입니까? 내가 지고 있는 짐의 크기와 멍에의 무게는 그만큼의 가치와 의미를 가지는 것입니다. 목사도 마찬가지입니다. 매일 어떻게 새벽기도를 할 수 있겠습니까? 하지만 새벽기도에 나오는 눈이 몇입니까? 빤짝빤짝, 끝내 줍니다. 그런데 죄송합니다만 제가 제일 시원찮게 생각하는 분이 어떤 목사님인데, 당신 딸에게 "너는 절대로 목사에게 시집가지 마라. 고생이다 고생" 한다는 겁니다. 그 마음으로 목회가 되겠습니까? 이 꽉 물고 인내하면서 설교하면 교인들이 은혜를 받겠습니까? 하나님의 말씀을 사모하는 성도들의 반짝이는 눈이 도대체 몇입니까? 그 눈을 보면 정말 끝내 줍니다. 그러니 즐겁게 감당할 일입니다.

가정에서 그 많은 수고와 사랑을 베풀면서도 내가 식모냐, 내가 머슴이냐 합니다. 주는 것과 빼앗기는 것은 하늘과 땅 차이입니다. 물량적으로는 똑같습니다. 주었건 빼앗겼건 어차피 이쪽에서 저쪽으로 넘어간 상태입니다. 물리적으로 같습니다. 형식적으로 같습니다. 그러나 빼앗기는 것은 억지로 된 일이고 주는 것은 내 마음에서 한 일입니다. 한평생 사랑을 주면서도, 수고하면서도 빼앗기는 마음으로 강도 만난 심정으로 줍니다. 십자가도 기쁨으로 진 자에게만 의미가 있는 것입니다. 순교도 기쁨으로 감당해야 순교지, 억지로 지는 십자가는 십자가라 할 수 없습니다. 그건 영광의 십자가가 아닙니다. 아니 진만 못합니다.

나폴레온 힐이 쓴 《성공의 법칙》에 '신의 경제학'이란 개념이 소개되어 있는데, 이는 더하기 빼기를 잘 못하는 사람에게 하나님께서 복을 주신다는 것입니다. 밥 한번 사고 저 놈이 언제 밥 살까 생각하는 사람은 절대로 잘될 수 없습니다. 자기가 산 밥도 잊어버리고 또 밥 사고 또 잊어버리고 또 사는 사람이 베푼 덕이 추천으로 돌아오고 칭찬으로 돌아오고 축복으로 돌아옵니다. 사업하는 분이라면 이미 경험했을 것입니다. 돈은 내가 버는 것이 아니라 다른 사람이 벌어다 주는 겁니다. 그러니 돈 벌고 싶으신 분들, 다른 방법이 없습니다. 밥 잘 사면 됩니다. 십리를 동행하면 됩니다. 억지로 오 리 가서는 절대로 돈 못 법니다. 십리를 기쁜 마음으로 동행하면 됩니다. 돈 벌려고 장사하는 게 아닙니다. 남에게 행복을 주려고 장사하는 사람에게 돈이 따라옵니다.

가만히 보면 억지로 사는 사람들이 너무 많습니다. 죽지 못해 사는 사람들입니다. 사실은 많은 수고를 하고 사랑을 베풉니다. 그런데 베풀면서도 빼앗기는 마음으로 삽니다. 한평생 이혼하지 않고 살았고 다툰 일도 없습니다. 그렇다고 그게 반드시 잘 산 것은 아닙니다. 억지로, 부득이해서, 할 수 없이, 왜 인생을 그렇게 삽니까? 사랑해 버리세요. 십리까지 가 주세요. 왼 뺨을 돌려 대세요. 겉옷까지 줘 버리세요.

무엇을 하든 자발적으로 하십시오. 적극적으로 하십시오. 지난 주 제일 춥던 어느 날, 저녁에 냉면이 먹고 싶어 같이 먹을 분들을 찾았습니다. 아무래도 아무하고는 그냥 못 갈 것 같아서 교인들 중 평안도 출신으로 연세 많으신 분들에게 전화 드렸죠. 평안도 출신이니까 기꺼이 저와 같이 냉면 먹으러 십리를 동행하실 테니까요. 그래서 집사님 몇 분하고 냉면을 먹었습니다. 아 그러면 즐겁죠. 추운 겨울에 덜덜 떨면서 먹어도 맛있었습니다. 그런데 억지로 오 리 가는 마음이라면 함께 식사하기 어렵죠. "아 목사님 영하 10도에 무슨 냉면입니까? 저녁때 면 먹으면 식사가 됩니까? 송도에 가까운 냉면집 있습니까?" 이러면 재미없는 거예요. 멀리 찾아가서 먹는 맛이 또 있는 거잖아요. 굶어 죽지 않으려고 깨작깨작 젓가락질하는 분들하고는 죄송하지만 즐거운 식탁이 될 수 없습니다. 작은 일이건 큰일이

건 그렇습니다. 십리를 동행하는 마음, 거기에 행복이 있습니다.

예수님은 우리에게 귀한 교훈을 가르쳐 주십니다. "악한 자를 대적하지 말라 누구든지 네 오른편 뺨을 치거든 왼편도 돌려 대며 또 너를 고발하여 속옷을 가지고자 하는 자에게 겉옷까지도 가지게 하며 또 누구든지 너로 억지로 오 리를 가게 하거든 그 사람과 십리를 동행하라." 미움받았다고 미워하고, 도둑맞았다고 도둑질하고, 나쁜 말 들었다고 욕을 뱉는 식이라면 그는 끌려다니는 사람입니다. 악한 사람 때문에 내 마음이 악해졌다면 내 마음은 지금 저 악한 자에게 끌려간 거지요. 미움을 받아도 사랑해 버리세요. 오해를 받아도 이해해 버리세요. 불평이 있어도 감사하고 악을 선으로 대해 버리세요. 이런 선택적 주도성이 있어야 내가 자유로워질 수 있습니다. 이 꽉 물고 십리 가라는 얘기가 아닙니다. 원수를 사랑하지 못하는 순간 내 마음이 썩어들어 갑니다. 그 증오가 나를 죽이고, 얼굴도 문드러지게 하고, 골수를 썩게 합니다. 원수를 사랑하고서야 내가 살 수 있습니다. 자원하는 마음이라야 행복을 얻을 수 있습니다.

원수를 미워하는 동안 나는 그 원수에게 끌려다니게 됩니다. 예수님은 이와 다른 차원의 말씀을 하십니다. 너희가 눈은 눈으로, 이는 이로 갚으라고 배웠지만 나는 그렇게 가르치지 않겠다고 하십니다. 내 눈 하나 다쳤나요? 그 원수 두 눈을 다 뽑아 버려도 해결될 일이 아닙니다. 이가 하나 부러졌나요? 원수의 이를 다 뽑아 버려도 해결이 안 됩니다. 저 원수가 살아 있는 한, 그의 두 눈을 다 뽑아 버리고 이를 다 뽑아 버려도 내 마음에 자유가 없습니다. 예수님은 원수를 사랑하셔서가 아니라 우리를 사랑하셔서 이와 같이 말씀하셨습니다. 그러니 이제 마음을 바꾸십시오. 선으로 악을 이기고 원수를 위해 기도해 주십시오. 왜 그렇습니까? 그 원수는 나에게 꼭 필요한 사람입니다. 나에게 많은 도움을 알게 모르게 주었습니다. 때로 우리를 어렵게 하는 것 같지만, 이 모든 일은 있어야 할 일이었습니다. 있어야 한다고 생각하는 바로 거기에 내 자유가 있고 내 선택이 있습니다.

이제 여러분께 묻고 싶습니다. 이 남자와 이 여자와 오늘까지 어떻게 사셨습니까? 가정생활, 직장생활 만족하십니까? 글쎄요. 제가 볼 때 다들 그저 그런 것 같습니다. "아 목사님 그놈이 그놈인데 뭐 그냥 살죠 뭐." 그러나 잊지 맙시다. 여기까지 왔습니다. 남은 오 리는 그렇게 끌려가듯 살지 맙시다. 강요된 사랑에서 선택한 사랑으로 태도가 바뀔 때, 노예의 삶에서 자유인의 삶으로 바뀔 수 있습니다. 이제 그럴 수밖에 없어서 또는 억지로가 아니라 창조적으로 살아갑시다. 억지로 오 리를 가자는 사람과 아주 십 리까지 함께 갈 때 내가 이만큼 섬김으로 저들에게 생명이 주어지고 구원이 주어지고 영생이 주어지게 됩니다. 억지로 출발했지만 이제는 선택적으로, 불행하게 출발했지만 이제는 행복으로 살아갑시다.

보상에 매이면 참 초라해집니다. 그러니 정당한 보상이 주어지지 않는다고 섭섭해 할 것 전혀 없습니다. 사랑받으려 하고 칭찬받으려 하는 사이에 허영적인 사람이 되고 위선적인 사람이 될 테니까 말입니다. 아주 망가져 버릴 것입니다. 형식적인 충성, 구조적인 충성, 강요된 충성이란 아무런 의미가 없습니다. 월급 때문에 일하는 것 아닙니다. 그렇다면 아무리 월급이 많아도 참 비참한 인생입니다. 밤을 새워 일하면서도 대가를 따지지 않습니다. 일 자체를 즐길 뿐입니다. 즐거운 마음으로 심취해서 일할 뿐입니다. 오 리를 가자는데 십리까지 가는 그런 마음이어야 주가 주시는 행복을 누리며 살게 될 것입니다.

Happy Family Life – 'Go with him 2 miles'

Songdo Jesus Hope Church , Pastor. Young Shin, Kim

38 You have heard that it was said, 'Eye for eye, and tooth for tooth.' 39 But I tell you, Do not resist an evil person. If someone strikes you on the right cheek, turn to him the other also. 40 And if someone wants to sue you and take your tunic, let him have your cloak as well. 41 If someone forces you to go one mile, go with him two miles. 42 Give to the one who asks you, and do not turn away from the one who wants to borrow from you (Matthew 5:38-42)

There is a manpower agency called 'Samgu Development.' The founder used to be a bootblack. He, who used to sell ice cream in the summer and buckwheat curd in the winter, started a business with three cleaners 40 years ago. It is a company that dispatches gardeners and security guards but now the company's annual sales reaches to about 200 billion won (about 166 million US dollars). The company's motto is very interesting. "From a footman to a professional, and an Auntie to Mrs." This is how they call the employees. "Professors, doctors, and lawyer can become workers; cleaners and security guards can become experts."

Yes, indeed. Even the cleaners and the security guards can become specialists if they work with joy. Without joy, even the professors and lawyers become laborers. During snowy days, the workers at the cleaning agencies are usually late. Those who came at 9am even come at 9:30. However the employees at this company come at 7 am during the snowy days. It's because they are specialists. After the employees come back from clearing the snow, the boss would greet them by saying "Great job! Mrs.!" For it is a company that regards "Aunties as Mrs." The secret behind the success and happiness of the company depends on the attitude of the workers. There are people who regard a certain work as a labor, while others regard the same work as an entertainment. Depending on one's mental attitude, one could live in hell or a paradise.

During the New Year's service I shared my thoughts with the staff at a hospital run by our deacon. I said, "I don't know much about hospitals. I don't have any knowledge on medicine. But I have my thoughts on which hospital is a good one." And I told them this. "Previously when I prioritized the aspect of Physical Capital, I thought that good hospitals were the ones with good facilities, good equipments, and good techniques. A bit later, I realized having talented people was more important than having more money and technology it was. So I became more interested in so called Human Capital. However my mind changed. If the talented doctors fight each other everyday, it will be considered as a worst hospital. Then what is seen as good in this period? The answer is Social Capital. Hospital should be made known to people. How? By smiling and kindly treating the patients. You yourself have to be full of joy and must treat each individual patient with great care. Not by forcing yourself but out of voluntary heart."

What is success? Success is not possession, knowledge, power, or honor. Success is happiness. Happiness is not about what you have or what you did, but the attitude of how you did it. Who specifically experiences happiness? First it's experienced by those who focus and do their best without any regrets. Second, is by those who really enjoy doing it. There's a famous saying by Edison. "I've done a lot of work in my life, however I've never labored. Why? Because I worked out of my own will. I did it because it pleased me not because it was mandatory or forced. There's no labor in my life." This famous saying is about how well you enjoyed and how much you thanked for it. It's being thankful for your ability to work, for your health, and for a fact that you're alive.

Today's passage is on the famous "Sermon on the Mount." Because Matthew chapter 5 through 7 is about Jesus's sermons in the mountains, it's mostly referred to as the "Sermon in the Mount." In those chapters Jesus tells the believers "how to live as people of faith." If someone asks for your tunic, give him your cloak as well. If someone asks you to go with him a mile, then go with him 2 miles.

Do you guys regard having relationship as a "work" or "happiness" What's important is how you feel.

I might have walked a mile with a person. But I realize that this person has to go further. If I leave this person to go, then he will have to walk the next mile alone. It's now my decision whether to go with him one more mile or not. The first mile of walk might have been done out of mandatory impulse but with the remaining mile I could choose whether to go or not. Most of the things we do are done without us knowing about it. It just happened to start that way. There are things that we could decide on but most of them are just given to us that way. We cannot decide on our own destiny. I didn't even choose whom I should have as my parents or siblings. Many situations are like that. Things tend to happen very passively. But it's very important how you make up your mind. We have to change our motivation. Although we may have not known until now, now we know. Therefore we must go the remaining way with knowing that truth.

One deaconess always says that she married her husband out of pity because he chased her all long. She repeats saying this for many years. She's beautiful and became a senior deaconess not awhile ago. While her status in church changed, she did not change as a person. She thought that the change in her status in church will make her more valuable. But how foolish is to think that way? Even though her husband chased after her all year round, her attitude should have changed right on the day of their marriage. It was her choice to marry him. Although I have walked a mile, I walked for someone else not for me. From now on it's my walk. Walk the 2 miles. It's the path that I have chosen; therefore I should walk because I want to not because someone forced me to walk.

The moment when an unwilling heart turns into a willing heart that is when things become precious. A toilet paper falls on the ground in a company. There are two people who will pick up the toilet paper. One person being the CEO and the other being the person who will later become the CEO himself. It's impossible to survive the future without creativity. People cannot survive doing things that have been forced to them. Now one has to live according to one's own decision, leading one's life, and living willingly. If someone asks you to walk a mile then walk with them 2 miles! Someone asks for a tunic? Give them the cloak as well.

Many retired people say they don't need to get paid; they just want to work. How thankful it is that we have jobs? We must take value in the size of our burden and the weight of our yoke. Same thing applies to pastors. How can pastors lead early morning prayers everyday? See for yourself the twinkling eyes in the early morning. Twinkle Twinkle they shine. There's no need to say more. I am sorry to say this but pastors are the ones I am very dissatisfied with. There are pastors who say to their daughters "Never marry a pastor, it will bring you hardship." How can a pastor continue his ministry with that kind of heart? The church members will receive grace if the pastor perseveres through his ministry. How many eyes am I seeing right now? This is a blessing, being able persevere with joy.

People who poured out their love and care to family often complain, questioning if they are mere servants. There's a huge difference between the giving and being taken. The quantity, of the thing given or taken, doesn't change. Whether something is being given or taken, it's just a matter of changing it's location from one place to another. Giving something comes from one's will while something being taken is done by force. Cross is valuable to only those who carrying it with pleasure. Real martyrdom is the one done with joy. The cross that has been carried by force cannot be considered as a real cross. It cannot be seen as a glorious cross. It's not even worthy of carrying it.

There is a book called "The Law of Success" written by Napoleon Hill, which introduces "God's Economics". It basically talks about how people who are bad at addition and subtraction will receive God's blessings. People who wait to get something in return after serving someone a meal cannot be successful. Those who forget about their good deeds and keep on doing them will receive recommendations, compliments, and blessings from people. I am pretty sure that some of you running businesses have experienced that money is not earned by you but by others who earn it for you. So for those who want to earn money, there's no other choice, but to keep a good habit of buying others meals. This is like walking with them 2 miles. Those who walk a mile with an unwilling heart will not earn money. Walk the 2 miles with joy. It's not about earning money. Those who do business for the happiness of others will be successful.

So many people live unwillingly. They live because they have to. Actually they try hard to love and take care of others. Although they give love, they consider it being deprived from them. Living a marriage life without divorce or conflicts doesn't mean it's a well-lived life. Why being so forced to do things? Just love. Go with them 2 miles. Turn the other cheek and give them your cloak. Whatever you do, do it voluntarily and enthusiastically.

Last week, during the coldest time of the day, I looked for someone to eat NaengMyun (Cold Noodles) with me. Since it won't be a good idea to go with ANYONE, I called one of my elderly church members who was from Pyeong An province. Because he was from Pyeong An, he was willing to go "the 2 miles" to eat NaengMyun with me. We ate Naeng Myun in the freezing weather, but it was delightful. If the person would have gone with an unwilling heart, he would have questioned "Eat Naeng Myun on a day like this? It's minus 10 degrees! Oh pastor you must be joking." Or "Naeng Myun won't be a hearty dinner." Or "Is there any NaengMyun place near Songdo?" This kind of attitude won't be fun. Happiness is in the heart of those who willingly go the 2 miles.

Jesus teaches us a valuable lesson today. "Do not resist an evil person. If someone strikes you on the right cheek, turn to him the other also. And if someone wants to sue you and take your tunic, let him have your cloak as well. If someone forces you to go one mile, go with him two miles." Hating someone who hates you, stealing from someone who stole from you, or cursing those who have cursed you. All of these are examples of people who live a life being dragged by others. Just love the ones who hate you. Understand the ones who misunderstand you. Be thankful instead of complaining and treat wickedness with kindness. We can be free only when we actively do things with willingness. It's not saying to forcibly go the 2 miles. The moment I don't love my enemy, my heart will rot. Hatred does not end in rotting but crushes my face and spoils my bones, eventually kills me. I will live only when I start to love my enemy. Through willing heart we could earn happiness.

Hating our enemies mean that our lives are being dragged by them. Jesus says in a whole new way. We have learned to pay back "eye for eye, tooth for tooth." However that's not what Jesus teaches. Let's say you hurt your eyes from your enemy. Gouging both eyes from your enemy will not solve the problem. You have a broken tooth? Pulling out the whole teeth of your enemy will not solve the problem either. Despite of all kinds of revenge and damage you do on your enemy, your heart will not be in peace, if the enemy still remains in your heart. Jesus gave us his words not because he loved the enemies but because He loved us. Now we have to change our hearts. We have to triumph over evil through goodness and pray for our enemies. Why so? Because we need our enemies. They help without us realizing it. Though it seems like they only give us hardship and trials, we need them in our lives. The moment when we feel the need to have that hardship, is when our freedom and choice remains.

I want to ask you now. What made you to live till now? Are you satisfied with your family life or life in your work? I don't think you guys are so sure. Some might say "I'll just have to bear living with him right, Pastor?" But let us not forget that we came this far. Now let us not live the remaining mile being dragged by someone or something. Slave–like life changes into a life of freedom when you choose to love, not force yourself to love. Let's not live because we have to; let's be creative with the way we live! When you walk the 2 miles with a person who asked for just a mile, your serving heart will give them a new life, salvation, and an eternal life. It could start off unwillingly however the result is the happiness in life.

The life of people, who focus only on the rewards, is miserable. There's absolutely nothing to worry about for not being rewarded. The more we try to receive love and acknowledgement from others, the more double–sided and vain our life will be. This will ruin our life further. There's no meaning in having an involuntary loyalty. Life will become miserable even with high salary, when you work just for the salary. People should work with willing and joyful heart. God will grant happiness in life to those who have the heart to walk 2 miles with the person who asked for a mile.

幸福的家庭生活 -'同行十里'

松岛耶稣希望教会 金永信 牧师

你们听见有话说: "以眼还眼,以牙还牙。"只是我告诉你们:不要与恶人作对。有人打你的右脸,连左脸也转过来由他打;有人想要告你,要拿你的里衣,连外衣也由他拿去;有人强逼你走一里路,你就同他走二里;有求你的,就给他;有向你借贷的,不可推辞(太5:38-42)

有一家名为三具开发的人力资源公司.创业主是一位擦鞋出身的。原本在夏天卖冰淇淋,冬天卖扒糕的这位创业主,在40年前只带领3名清洁工开始的创业。这家公司是派遣清洁工和保安的公司,现在每年的营业额竟高达2000亿元。这家公司的标语很有趣的写到"家仆变成专家,大嫂变成女士"。这家公司的职员们说"教授,医生,律师也能变为劳动者,而清洁工和保安也能成为专家"。

没错,只要能够以喜乐的心来工作时清洁工和保安也是专家,而没有喜乐时,教授、律师也只是劳动者而已。这家公司的特别之处在于,每当员工们完成工作回来时,社长总会站在门口将他们当做专家来热情迎接道"女士,辛苦了;专家先生辛苦了"。将大嫂尊为高贵的女士,将家仆视为可敬的专家。自古幸福的秘诀就在于姿态上。对于同样的事情,有人认为是在劳动,而有人却认为是在娱乐。随着心态不同,有人生活在乐园里,而有人却生活在地狱里。

有一位经营医院的执事,与员工们一同献新年敬拜时分享到:"我对医院,医学,一无所知。但我对于医院好与不好",也有自己的想法。"以前我看重有形资本时认为，所谓好医院就得有先进的医疗设施与器械以及高超的医疗技术。后来过了一段时间，我又有了新的概念，就是比起设施与技术，更为重要的是人才。就是过度到 Human Capital 人力资本上去了。但我现在却认为，优秀的医生之间每天都在勾心斗角的医院是最不好的医院。那么，在现今的时代里什么最可贵呢？当然是 Social Capital 社会资本最重要。医院要有好名声。医院能够让人感到安心，幸福的医院才是好医院。这样，我们当怎样行呢？当然得以喜乐的心，亲切的态度来对待患者。我们以喜乐的心工作时，才能全身心投入工作，才能精心治疗每一位患者。我们工作不是出于勉强，而是出于甘心。"

成功是什么呢？成功不是财富，知识，权力，名誉，而是幸福。幸福不在于拥有什么，而在于'怎样做'的姿态上。幸福是怎样的人所具体经历的呢？第一在于集中做事的程度，在于无怨无悔地尽上全力。第二是在于自己所喜欢的程度。爱迪生曾经说过这样的名言"我一生里做了很多事，但一次也没有劳动过。因为，我所做的事都是自己想做的，愿意做的，而不是别人让我做的，也不是不得已才做的"。可见，做事幸福与否在于自己喜欢的程度。第三就是感恩的程度。要因着有事可做而感恩，要因着健康而感恩，要因着能够活着本身而感恩。

今天分享的本文话语乃是有名的登山宝训中的话语。太5—7章，因着是耶稣在山上的讲道，所以我们就称之为是山上讲道，或山上宝训，或山上受训。耶稣所讲的是'信仰之人要这样生活'。这是耶稣亲自赐下的话语。若有人要内衣，就连外衣也一同给他，因不知道路而要求同行5里的，就同行10里。

不得已与人同行了5里。现在就该想了。这人是还要继续前行的。

我现在已经陪同走了5里，那么剩下的5里他就得自己走了。这时 我又该想了。前5里是不得已走的，而剩下的5里是我自愿陪同走的，是主动性地自由选择走的。很多时候，开始和出发的时候是出于不得已，出于不知道，阴差阳错就那样成了。固然会有我们自己选择的道路，但更多的时候都是根本上已经定型的事。我们决定不了自己的命运，选择不了自己的父母兄弟。我们很多时候，走出的前5里不是自己想走的，而是出于情境而不得不走的。很多事情很多时候都是由被动开始的。但我们的心态很重要。在现实的情境里，要学会转换动机。之前是出于不知，那么现在开始就要出于知道而行。出发是出于不知，但现在却要知之而行剩下的路。

有一位女执事常挂在嘴边的话就是，自己实在是因为丈夫天天追她，而出于可怜才嫁给了他。几十年来，这位女执事一直都没有改变自己的想法。在她看来自己这样讲能够抬高自己的身价，其实却是很愚昧的想法。即便是你很漂亮，事实上你的丈夫也确实在一年365天都追求了你，但从结婚那天开始就应该改变想法了。因为与他结婚是出于你自己的选择。开始可能不是你自己的意思，但现在是你自己选择的。你是走了5里路，但那是别人的路。你要同行10里路。从现在开始才是你走的路，是自发的路，是自己选择的路，是甘心走的路，而不是被强行走的路。

不甘心变为甘心的时候起，所作的事才会成为可贵的事。会社里有废纸掉落的时候，若就有两人收拾了废纸，那么其中一位肯定是社长，而另一位不管当下职位是什么，但可以肯定的是他将来一定会成为社长。现今没有创意性就无法在未来生存，出于被迫而被牵着走是不行的。现在是需要选择需要主导，还是需要自愿的时候。不是有人要求同行5里吗？那你就走10里。不是有人要里衣吗？那你就连外衣也给他。现在我们所需的就是这般的心态。

经常会听到退休的人们叹息说：若是有事做哪怕是不要工钱也愿意。所以，你现在能够有事做该是何等感恩呢？你现在背负的担子重量，轭的大小，都是相对有着其价值和意义的。牧师也一样。若是担心晨更祷告的辛苦，就会抱怨做牧师太辛苦了。但你作为牧师每天晨更来到教会时，看到那一双双闪亮的眼睛时，又是何等欣慰呢。我特别不待见的就是，自己是牧师却对自己的女儿说千万别嫁给牧师这样的人。带着这般的心态，怎能牧会好呢？在讲台上咬牙强忍着证道，听到的信徒会怎样呢？重要的是心态，甘心乐意的来担当！

在家庭里也是，明明付出了很多爱与辛苦，却又抱怨说我是你们的保姆吗？是你们的奴隶吗？要知道，给与被夺之间有着天壤之别。在量上是一样的，因为是给还是被夺，无非是从这一边挪到那一边。在物理上，形式上也都是一样的。但是被夺是出于强迫，而给予是出于甘心。平生都在付出爱与辛苦，却是带着被抢夺的心境来做，那样就会觉得很委屈。十字架也是，只对那些甘心背负十字架的人才具有意义。殉道也是出于甘心乐意的殉道才是真正的殉道。被迫背上的十字架算不得是真正的十字架，因为那不是荣耀的十字架，还不如不背。

拿破仑·詰的著作<成功的法则>上介绍着'神的经济学'概念。即，神会赐福给那些不会算账的人。请人吃了一顿饭，马上就算计让人家回请的人是绝对不会蒙福的。忘记自己请人吃了饭，所以'请了又请'的人，他所给予的恩情就会变成推荐和称赞，祝福会到他身上。搞事业的人也许都会经历过：钱财不是自己赚的，而是别人赚给你的。所以，想赚钱的人要知道：没有别的方法，你只要多多请人吃饭就行了。

也就是：要与人同行10里，不得已才走5里的人肯定赚不到钱。要以喜乐的心与人同行。做买卖不是为了赚钱，而是为给人带来幸福，这样的人自然会有钱财跟随。

若仔细观察就会发现，有太多的人都是迫不得已的活着。因为，死不了才活着。实际上付出了很多辛苦和爱，却带着被抢夺的心态活着。不能说，一生里没有离过婚，没有争吵过就必须是好生活。我们为什么要活的那么勉强，迫不得已，不甘心呢?你不妨去爱一下，去与人同行10里一下，把你的左脸也转向他，把你的外衣也给他。

我们无论做什么都要自发的去做，积极地去做。我在前一周最冷的一天晚上，找人一起吃了冷面。我打电话邀请了平安道出身的那些年岁大的执事们。她们吃不得凉的，又是在大冷天里同我到远地方吃冷面，其实就是同行10里。虽然是在大冷天里浑身发抖地吃着冷面，但吃的却都很开心。若是出于不甘心的话，一定会抱怨牧师在大冷天里吃什么冷面，还不是在家附近而要到这么远的地方。若是心存这样的心态，就绝不会有那一天的快乐晚餐。大事小事都一样，与人同行10里的心里有幸福。

今天，耶稣教导我们很重要的教训。"不要与恶人作对。有人打你的右脸，连左脸也转过来由他打；有人想要告你，要拿你的里衣，连外衣也由他拿去；有人强逼你走一里路，你就同他走二里；有求你的，就给他；有向你借贷的，不可推辞"。若因为受到厌恶就去厌恶人，因为被盗就去偷窃，因为听到坏话就去骂人的，就是被人牵着走的人。你的心若是因为恶人而变为恶的话，就是在被恶人牵着走呢！你要爱那些厌恶你的人，去理解误解你的人，就是不平也要以善胜恶。你有了这般选择的主导性，才会变得自由。我不是让你咬牙忍耐去与人同行10里。不能爱仇敌的瞬间，你的心就会开始腐败。你的憎恶会杀了你，会伤你的心，会使你的脸难看，会使你的骨髓朽坏。爱仇敌时，才能活下来，出于甘心的才会得到幸福。

你在恨仇敌的期间，你就会被你的仇敌牵着走。耶稣又说到了另外维度上的话语。"你们听见有话说：'以眼还眼，以牙还牙'"。耶稣是在说，我没有这么教导你们。仇敌伤了你的眼，那么你即便是伤了仇敌的双眼也解决不了问题。你的牙被仇敌伤了一颗，那么你即便是伤了仇敌全部的牙齿也解决不了问题。只要有仇敌在，你即便是伤了他的双眼与全部的牙齿，但你那有仇敌的心也不会得着自由。主啊！你说这话不是因为爱仇敌，而是出于爱我们才赐下的。现在，就要改变你的心，来以善胜恶，来为仇敌祷告。为什么？因为，仇敌对你来说是必要的人，是在知道与不知道之间给了你帮助的人。有时，看似仇敌在难为我们，但这一切事的发生时必要的。正是在你认为应该的想法上，才有这你的自由与选择的。

你是如何如何才生活到今天呢？与这位男子或女子生活到了今天，在这家职场里工作到今天。现在想问的是，你是否读你的家庭生活，对你的职场生活是否满意呢？也许你会回答说，有啥好的，就那么回事呗。但是，你不要忘记，你现在已经走出了5里，剩下的5里就不能这般被牵着生活了。从强迫的爱转换到有选择的爱时，你才能脱离奴役的生活，而转入到自由人的生活里。你从前的生活可能是出于无奈，出于迫不得已，但现在却要活出创造性的生活。有人强迫你同行5里时，你索性就陪着走10里时，才会因着你这般的服事而给对方带来生命，成就得救，使人得着永生的。出发时可能是出于无奈，但现在你当有选择的过上幸福的生活。

人若是被回报拴住，就会变得计较。其实，大可不必因着没有得到正当的回报而失望。因为，当你计较得到爱的回报或称赞时，就会成为虚荣伪善的人而彻底失败。形式上的，结构上的，被强迫的忠诚，都没有任何意义。我们不是为了工资才工作的。若是为了工资而工作的话，即便是拿到再多的工资，也是非常悲惨的人生。熬夜工作也不会计较代价是因为喜欢工作本身，而以喜乐的心陶醉在工作中。有人要求的是同行5里，而你索性同行10里的这般的心，会使你活出主所赐的幸福生活。

행복한 자녀교육 - '이후에 자녀가 묻거든'

송도예수소망교회 김영신 목사

21 모세가 이스라엘 모든 장로를 불러서 그들에게 이르되 너희는 나가서 너희의 가족대로 어린 양을 택하여 유월절 양으로 잡고 22 우슬초 묶음을 가져다가 그릇에 담은 피에 적셔서 그 피를 문 인방과 좌우 설주에 뿌리고 아침까지 한 사람도 자기 집 문 밖에 나가지 말라 23 여호와께서 애굽 사람들에게 재앙을 내리려고 지나가실 때에 문 인방과 좌우 문설주의 피를 보시면 여호와께서 그 문을 넘으시고 멸하는 자에게 너희 집에 들어가서 너희를 치지 못하게 하실 것임이니라 24 너희는 이 일을 규례로 삼아 너희와 너희 자손이 영원히 지킬 것이니 25 너희는 여호와께서 허락하신 대로 너희에게 주시는 땅에 이를 때에 이 예식을 지킬 것이라 26 이후에 너희의 자녀가 묻기를 이 예식이 무슨 뜻이냐 하거든 27 너희는 이르기를 이는 여호와의 유월절 제사라 여호와께서 애굽 사람에게 재앙을 내리실 때에 애굽에 있는 이스라엘 자손의 집을 넘으사 우리의 집을 구원하셨느니라 하라 하매 백성이 머리 숙여 경배하니라(출 12:21 - 27)

자녀에게 줄 수 있는 가장 큰 선물

골프를 즐긴다면 최고의 권위와 명성을 자랑하는 마스터스 골프대회를 아실 것입니다. 2012년에 이어 2014년에도 이 대회에서 우승한 부바 왓슨(Bubba Watson)이란 골프 선수가 있습니다. 플로리다의 시골 출신인 그는 골프 레슨을 제대로 받아 본 적이 없는 선수로 유명합니다. 어렸을 때 시골에서 솔방울을 치면서 스윙을 연습했을 만큼 거의 독학으로 골프를 배운 선수입니다.

2010년 그가 처음으로 PGA 무대에서 우승했을 때 "내게 골프를 처음으로 가르쳐 준 아버지께 승리를 바친다"고 우승 소감을 말했습니다. 그런데 그의 아버지는 사실 그에게 골프채 잡는 법만 가르쳐 주었을 뿐 무조건 세게 치라고만 했다고 합니다. 그런데도 그는 아버지를 떠올리며 그날 펑펑 울어서 '울보 골퍼'라는 별명을 얻었습니다. 그리고 첫 우승 후 넉 달 만에 아버지가 암으로 세상을 떠나자, 아버지를 기리기 위해 공이 300야드 이상 날아갈 때마다 300달러씩 암환자를 위한 기부금을 냈습니다.

부바 왓슨이 2012년 마스터스 대회에서 우승했을 때 그의 우승 소감은 "빨리 집에 가서 아기의 기저귀를 갈아 주고 싶다"였습니다. 2014년 다시 마스터스 대회에서 우승했을 때 2년 전에 말한 그 아들이 아장아장 걸어와서 우승한 아버지의 품에 안겼습니다. 그런데 그 아들은 부바 왓슨이 입양한 아이입니다.

부바 왓슨이 소개하는 그의 삶의 우선순위는 이렇습니다.

1. 하나님
2. 아내
3. 가족
4. 봉사
5. 골프

매년 골프 덕분에 수백억을 버는 선수가 골프가 첫째가 아니라 다섯 번째로 중요하다고 말하고 있습니다. 그는 실제로 대회에서 컷 탈락을 하면 함께 성경공부를 하는 다른 선수들의 갤러리로 따라다닌다고 합니다. 타인을 위한 봉사가 그에게 골프보다 더 중요하기 때문입니다.

부모가 자녀에게 줄 수 있는 가장 큰 선물이 무엇일까요? 하나님을 잘 섬기는 모습을 자녀에게 보여 주는 것입니다. 그리고 부부간에 서로 사랑하고 존경하는 모습을 보여 주는 것입니다. 이것이 왜 가장 좋은 선물일까요? 하나님을 섬기고 부부가 서로를 존중하는 모습을 보여 주지 못하면, 아무리 잘 먹이고 잘 입히고 뒷바라지해도 자녀가 바르게 양육되지 못하기 때문입니다. 엄마 아빠가 하나님을 향한 신앙이 뜨겁고 서로를 존중하며 존경한다면 그것으로 자녀양육은 충분하다고 할 수 있습니다.

자녀양육과 관련한 책이 참 많습니다. 읽어 보면 모두 일리 있고 훌륭합니다. 그런데 재밌는 것은, 이 책들은 크게 두 부류로 나눌 수 있다는 것입니다. 하나는 아이들은 엄하게 키워야 한다고 하고, 다른 하나는 절대 그래선 안 된다고 말합니다. 한쪽이 아이들이 원하는 것을 해 줘라고 말하면, 다른 한쪽은 아이들이 원하는 대로 해 주지 말라고 말합니다. 둘 다 일리 있고 설득력 있어서 읽다 보면 뭐가 맞는 말인지 정말 헷갈립니다.

그런데 우리 그리스도인은 헷갈릴 필요가 없습니다. 우리는 먼저 좋은 신앙인이 되면 됩니다. 좋은 예배자가 되면 됩니다. 그리고 좋은 남편, 좋은 아내가 되면 됩니다.

가정의 시작은 부부입니다. 하나님께서 남자와 여자를 지으시고 그 둘을 부부로 짝지워 주셨습니다. 그러므로 가정은 부모 자식 간의 관계가 아니라 부부관계가 가장 중요합니다. 부부관계가 좋아야 부모 자식 간의 관계도 좋습니다. 또 신앙의 모범이 될 수 있습니다. 돕는 배필로서, 신앙의 배우자로서 어떻게 살아야 할 것인가를 무시하고 자녀를 설득할 수 없습니다. 하나님을 섬기는 신앙의 모범이 되기 어렵습니다.

가정의 중심은 부부다

출애굽기 12장 21-27절 말씀은 애굽의 노예로 살던 이스라엘 백성이 구원받은 역사적인 첫 번째 유월절 이야기입니다. 온 이스라엘의 가정이 구원을 받았습니다.

> 너희는 나가서 너희의 가족대로 어린 양을 택하여 유월절 양으로 잡고 우슬초 묶음을 가져다가 그릇에 담은 피에 적셔서 그 피를 문 인방과 좌우 설주에 뿌리고(출 12:21-22)

이 일을 하는 사람은 믿음의 부모입니다. 자녀는 부모가 하는 대로 따르고 있습니다. 하나님은 나중에 "너희의 자녀가 묻기를 이 예식이 무슨 뜻이냐 하거든 너희는 이르기를 이는 여호와의 유월절 제사라"(출 12:26-27)라고 가르치라고 하십니다.

오늘날 우리 가정을 보면, 갈수록 부부 중심이 아닌 자녀 중심의 가정이 되고 있습니다. 우리도 모르는 사이에 자녀 중심의 가정이 좋은 가정이라고, 자녀를 위해 희생하는 부모가 좋은 부모라고 생각합니다. 그런데 과연 그렇습니까? 자녀 중심의 가정, 부모가 무조건 희생하는 가정이 과연 좋은 가정일까요?

심리학자 존 로즈먼드(John Rosemond)는 자녀에게 관심을 쏟는 자녀 중심의 가정일수록 부모 역할이 힘들어진다고 했습니다. 왜 그렇습니까? 자녀는 당연히 부모의 관심이 필요하지만 지나치게 필요한 것은 아니기 때문입니다. 우리가 먹는 음식을 생각하면 쉽게 이해할 수 있습니다. 매 끼니 좋은 음식을 잔뜩 차려 놓고 배불리 먹으면 좋을까요? 우리 몸은 음식을 원하고 영양분을 필요로 하지만 지나치게 먹는 것은 원하지 않습니다.

오히려 지나치게 먹으면 병이 생길 수 있습니다. 마찬가지로 자녀에 대한 부모의 관심도 적당해야 합니다. 지나치면 병이 생깁니다. 좋은 부모가 되는 것이 아니라 실패한 부모가 되는 것입니다.

비행기를 타면 스튜어디스들이 만약의 경우 비상사태가 발생했을 때 대처 요령을 설명합니다. 그런데 그중 한 가지 눈여겨봐야 할 것이 있는데, 자녀와 동승했을 경우 먼저 부모가 산소마스크를 쓰고 자녀에게 산소마스크를 씌우라는 설명입니다. 모든 부모는 본능적으로 위험에 빠진 자녀를 먼저 구하려 듭니다. 옆에서 숨이 넘어가는 자녀를 보면 산소마스크를 먼저 씌워 주고 싶은 게 부모의 마음입니다. 하지만 그렇게 하면 아이도 죽고 엄마도 죽습니다. 아무리 급박한 상황이라도 부모가 먼저 산소마스크를 써야 아이를 곁에서 돌볼 수 있습니다.

오늘날 산소마스크를 써야 하는 비상사태의 가정이 참 많습니다. 이때 가장 먼저 산소마스크를 써야 하는 사람은 부모 자신입니다. 부모의 자리를 먼저 회복해야 자녀를 돌볼 여력이 생기는 것입니다. 회복되어 안정을 찾은 부모가 행복한 가정을 만들 수 있습니다. 가정의 시작은 자녀가 아니라 부모입니다. 이 사실을 명심하시기 바랍니다.

자기 자녀가 끔찍하게 귀하지 않은 부모는 없습니다. 더구나 하나나 둘만 낳아 온 정성을 쏟으니 자기 목숨보다 귀한 게 자녀입니다. 하지만 아이들은 부모의 관심이 지나치면 정서적으로 안정되는 게 아니라 오히려 더 불안해집니다. 오늘날 우리 자녀에게 필요한 것은 안정이지 관심이 아닙니다. 관심은 지금으로도 충분합니다.

안정은 어떻게 줄 수 있습니까? 나보다 훨씬 지혜로운 분이 내 삶을 신실하게 지킨다는 믿음에서 우리는 안정을 얻습니다. 하나님을 믿는 신앙이 그래서 중요합니다. 그리고 부부관계가 좋은 가정이 자녀에게 안정감을 줍니다. 안정적인 부모 중심의 가정에서 자란 아이가 그렇지 못한 가정의 아이보다 훨씬 독립적이며 문제 해결 능력이 있습니다.

부모가 교육해야 한다

이후에 너희의 자녀가 묻기를(출 12:26)

이 말씀에 주목하십시오. 출애굽기에 나오는 이스라엘 백성의 가정은 어떤 가정입니까? 부모 중심의 가정입니까, 자녀 중심의 가정입니까? 당연히 부모 중심의 가정입니다. 이스라엘 백성은 지금 매우 급박한 상황에 놓여 있습니다. 가족대로 어린 양을 잡아 그 피를 문 인방과 문설주에 바르고 고기와 누룩을 넣지 않은 무교병과 쓴 나물을 먹어야 합니다. 그렇지 않으면 애굽의 장자를 치겠다는 하나님의 재앙을 그들도 받게 될 것입니다. 그러니 자녀에게 일일이 설명할 시간이 없습니다. 지금은 하나님의 명령을 따라 신속하게 일을 처리해야 합니다. 자녀는 함구하고 부모가 하는 대로 따라야 합니다.

부모는 자녀를 훈육할 때 한 팀으로 해야 합니다. 엄마가 자녀를 야단칠 때 설사 못마땅한 점이 있더라도 아빠는 엄마를 제지하거나 비난해선 안 됩니다. 그런 것은 나중에 둘만 있을 때 의논해야 합니다. 절대 아이가 보는 앞에서 배우자를 비난하거나 아이 편을 들어 주어선 안 됩니다. 부모 중심의 가정은 그래야 합니다. 부모 중심의 가정은 교육의 주권자가 부모라는 사실을 잊어선 안 됩니다.

부모는 자녀를 존중한다면서, 가정을 민주적으로 운용한다면서 자녀에게 너무 많은 선택권을 주곤 합니다. 그러나 너무 많은 선택권은 너무 많은 관심만큼이나 자녀에겐 부담스러운 것입니다. 자녀를 어떻게 교육하고 양육할 것인지는 부모가 결정하고 판단하고 계획해야 합니다. 그 주체는 자녀가 아니라 부모인 것입니다. 자녀가 유학 가고 싶다고 해서 유학을 보냈다는 부모가 있는데, 말도 안 되는 소리입니다. 교육은 아이가 원하는 대로 하는 것이 아닙니다. 교육의 주권은 부모에게 있습니다. 이것은 자녀의 선택권을 묵살하라는 말이 아닙니다. 부모의 권위를 회복하라는 말입니다. 그래야 부모로서 자녀를 양육할 수 있습니다.

"목사님, 만일 부모가 문제가 많다면 그 부모가 결정하고 판단한 것이 아이에게 좋을 리 없지 않습니까?" 하고 묻는 분이 있을지 모르겠습니다. 그래서 교회와 학교가 존재하는 것입니다. 이때도 교육의 주체는 부모입니다. 학교와 교회는 그런 부모를 돕고 응원하는 역할을 할 뿐입니다.

라틴어로 학교 교육을 '인코로파렌티스'라고 합니다. 영어로 번역하면 'in the place of parents', 즉 '부모를 대신하여'라는 뜻입니다. 학교와 교사는 부모를 돕는 조력자인 것입니다.

많은 아빠들이 자녀 교육에 대해 아내와 학교, 학원에 전적으로 맡기고 자신은 돈만 벌어다 주면 그만이라고 생각합니다. 그러다 자녀에게 문제가 생기면 아내에게 그 책임을 전가하며 비난을 쏟아 붓습니다. 아빠들은 나름대로 변명할 거리가 많을 것입니다. 매일 야근하느라, 늦게까지 장사하느라 시간이 없다고 말입니다. 하지만 저는 격무에 시달리는 우리 교회 목회자들에게 이렇게 말합니다.

"목사님, 교회 잘못되면 다른 목회자 구하면 되지만 사모님 잘못되면, 자녀들 잘못되면 아무도 책임져 주지 않습니다. 교회와 성도를 사랑한다면 먼저 가정을 건강하게 만드십시오."

하나님은 아브라함으로부터 시작해 이삭과 야곱, 요셉에 이르는 가정사를 통해 하나님의 구원 역사를 이뤄 가셨습니다. 온 이스라엘을 구원하는 이 엄청난 구원 계획도 각 가정을 통해 이루셨습니다. 하나님은 가정을 귀히 여기십니다. 그리고 부모가 그 자녀를 가르치라 하십니다.

강아지는 한 달이면 어미 개를 떠나 삽니다. 망아지도 6개월이면 어미 말 곁을 떠납니다. 모든 동물은 길어야 6개월이면 잘 먹고 잘 자는 것을 배웁니다. 그런데 만물의 영장인 인간은 20년 가까이 부모 밑에서 삽니다. 왜 그렇습니까? 개만도 못한 인간이라서 그렇습니까? 아닙니다. 잘 먹고 잘 자는 것, 그것이 인생의 목표라면 그렇게 오랜 기간 부모 밑에서 있을 필요가 없습니다. 삶의 기준이 동물과 다르기 때문에 그렇게 오랜 기간 부모에게서 배우고 익혀야 하는 것입니다.

수고하고 헌신해서 아이에게 필요한 모든 것을 채워 주는 것으로 자녀가 양육된다면 거기에 목숨을 걸면 됩니다. 하지만 우리는 경험으로 그것으로는 안 된다는 걸 압니다. 우리가 자녀에게 줄 수 있는 최고의 선물은 전심을 다해 하나님을 섬기는 모습을 보여 주는 것입니다. 엄마 아빠가 서로 사랑하고 존경하는 아름다운 사귐과 섬김의 모습을 보여 주는 것입니다.

자녀는 듣고 배우는 것이 아니라, 보고 배웁니다. 자녀는 나보다 더 높고 지혜로운 분이 내 삶과 함께한다는 그 안정감을 자양분 삼아 무럭무럭 자라납니다. 하나님께서 "이후에 너희 자녀가 묻거든 여호와께서 우리의 집을 구원하셨느니라 하라"고 명령하십니다. 하나님께 경배하는 부모가 주도하는 신앙의 가정에서 자녀는 바르게 자라납니다.

chapter 02

제자감리교회
배익환 목사

제자감리교회를 소개합니다

교회 표어 : "길을 여는 교회"

> 예수께서 이르시되 내가 곧 길이요 진리요 생명이니 나로 말미암지 않
> 고는 아버지께로 올 자가 없느니라(요 14:6)

배익환 목사 인사말

"가기도 잘도 간다! 서쪽 나라로…"라는 동요가 생각납니다. 시간은 정지할 줄 모르고 마치 브레이크가 고장 난 차처럼 쏜살같이 달려 어디론가 흔적도 없이 사라져 버립니다. 시간은 정지하지 않습니다. 정지하는 것은 이미 시간이 아니기 때문입니다. 그러나 이 시간이 모여서 세월이 되는데 이 세월 또한 시간의 속도와 그리 차이가 나지 않습니다. 벌써가 아니고 이미 새해가 되어 시간은 예년과 다르지 않은 속도로 여전히 달리고 있습니다. 이렇게 빠른 시간의 속도 속에서 우리의 만남은 과연 어떤 의미가 있을까요?

그리 길지 않은 인생을 살면서 기념비적인 삶을 산다는 것은 분명히 주님의 은혜요 축복입니다. 그러나 누구를 위한 기념비입니까? 오직 주님의 영광만 나타나는 것이 우리의 가장 아름다운 삶의 족적이며 십자가의 흔적입니다. 새삼스럽게 세월의 무상을 다시 말하려는 게 아니라 한 페이지 한 페이지 책장을 넘기듯 지나가는 세월 속에서 영생을 바라고 소망하는 성도들의 모습이 한 교회를 통해 나타난 것이 너무 신기하다고 말하려는 것입니다. 그래서 다윗은 "보라 형제가 연합하여 동거함이 어찌 그리 선하고 아름다운고…"(시 133:1)라고 노래했나 봅니다.

저에게 제자교회는 유일한 생명의 안식처이며 또한 삶의 의미이고 기쁨이고 희망입니다. 만약 이 교회가 없었더라면 제 인생은 마치 버려진 쓰레기나 잡동사니에 불과했을 거라는 생각을 하게 됩니다. 바람에 이리저리 굴러다니는 검불 같은 인생이 아니었을까 합니다. 그러나 예수 그리스도로 말미암은 새 삶의 의미와 내세에 대한 소망으로 오늘도 이렇게 여러분을 대합니다. 이 빠르게 흘러가는 세월 속에서 나름대로 유유자적하게 살아가는 여러분을 오늘도 뵙습니다. 날마다 기쁘고 큰 영광으로 생각하며 말입니다.

> 보라 형제가 연합하여 동거함이 어찌 그리 선하고 아름다운고(시 133:1).

샬롬!

제자감리교회 비전
1. 예배 - 성령의 임재가 충만한 교회
예배는 형식이 전부가 아니고 항상 성령의 임재를 경험하고 마음과 뜻을 다하여 하나님을 경배하며 자신의 삶을 온전히 하나님께 드리는 현장입니다. 제자교회는 진리의 말씀이 선포됨으로 메마른 심령이 변화되고 죽은 영혼이 다시 살아나며 삶이 다시 회복되는 역사가 매일 일어납니다.

2. 제자교육 - 사명자를 세우는 교회
21세기는 평신도를 사역자로 세우는 시대입니다. 이것은 평신도들의 영적 수준과 전문성이 그만큼 높아졌다는 뜻입니다. 제자교회는 제자아

카데미 등을 통해 다양한 성경 연구와 기도, 영성훈련 등을 하여 전 교인을 일상의 인격이 변화되는 참 제자로 양육하고 선교와 구제를 위한 열방과 대 사회적인 사명자로 세우는 것에 주력합니다.

3. 청소년 문화 - 다음 세대를 준비하는 교회

현대는 종말론적, 세기말적 현상이 점점 더 고조되고 있습니다. 사회는 더욱 세속화되어 너무나 많은 청소년들이 사탄의 문화에 깊이 빠져들고 있습니다. 교회는 그리스도의 복음으로 변화된 새로운 피조물로 하여금 어두운 세속 문화를 변화시켜 나가도록 하는 빛의 사명이 있습니다. 이에 제자교회는 청소년들을 정오의 햇빛 같은 영성으로 세상을 거룩함과 신령함으로 정복하고 다스리며 교회와 세상의 문화를 선도하는 지도자로 양육합니다.

◆ **예배 안내**

- 예배 시간 : 주일예배

  1부 오전 7:30   2부 오전 9:00

  3부 오전 11:00   4부 오후 2:00

  (주중 예배 및 부서별 예배는 홈페이지를 참고해 주세요.)
- 교회 위치 : 인천광역시 연수구 해돋이로 84번길 3
- 교회 연락처 : 032-858-1212~3
- 홈페이지 : www.jeja.co.kr

빛의 자녀들처럼 행하라!

제자감리교회 배익환 목사

너희가 전에는 어둠이더니 이제는 주 안에서 빛이라 빛의 자녀들처럼 행하라(엡 5:8)

매년 정월 초나 아니면 하루의 시작점에서 태양이 떠오르는 것을 보노라면 나름대로 많은 생각을 하게 됩니다. 더구나 그 태양을 맞는 장소가 산의 정상이거나 해변가라면 감회가 한층 더 고조됩니다. 떠오르는 태양을 바라보며 매이고 찌든 마음의 짐들을 한 번에 날려 버리고 심기일전하는 기회로 삼기도 합니다. 그래서 우리는 저녁에 지는 쓸쓸한 노을보다 아침에 떠오르는 태양에 더 열광하는가 봅니다. 물론 저녁노을도 나름대로 운치와 의미가 있습니다. 왜냐하면 다시 아침이 오기 때문입니다. 그러나 지는 해에는 아픔도 있고 여운도 있는 게 사실입니다. 빛이 있어도 곧 사라질 것이기에 그것은 빛이 아니라 어둠이라고까지 생각하게 됩니다. 다 생각하기 나름입니다.

그러나 차갑고 쌀쌀한 겨울의 추위가 시작되었더라도 그것은 동시에 꽃이 피고 새싹이 다시 돋아나는 봄이 온다는 뜻도 됨을 잊지 말아야 합니다. 아침에 떠오르는 태양은 그 의미가 분명히 다릅니다. 이 빛 또한 곧 정오의 햇빛이라는 절정을 바라보기 때문입니다. "네 의를 빛같이 나타내시며 네 공의를 정오의 빛같이 하시리로다"(시 37:6).

우리가 빛이 된다는 것은 무슨 뜻일까요? 우리가 빛의 자녀들처럼 행한다는 것은 어떤 삶을 말하는 것일까요? 성경에서 '빛이라'는 단어를 검색

68

하면 세 곳이 나옵니다. 마태복음, 요한복음, 그리고 에베소서입니다. 먼저 마태복음은 "너희는 세상의 빛이라 산 위에 있는 동네가 숨겨지지 못할 것이요 사람이 등불을 켜서 말 아래에 두지 아니하고 등경 위에 두나니 이러므로 집 안 모든 사람에게 비치느니라 이같이 너희 빛이 사람 앞에 비치게 하여 그들로 너희 착한 행실을 보고 하늘에 계신 너희 아버지께 영광을 돌리게 하라"(마 5:14-16)입니다.

여기서 빛이란 성도의 '착한 행실'을 뜻합니다. 그러면 '착한 행실'은 무엇입니까? 그 본질은 사랑입니다. 사랑이 없으면 '착한 행실'이 나오지 않습니다. 저는 이따금씩 '사랑이 무엇일까? 사랑은 과연 어떤 것일까?' 생각해 보곤 합니다. 사랑은 정말 아무런 분노도 없이 바보처럼 베풀기만 하고, 무조건 남에게 당하고만 사는 그런 것일까요? 결코 아닙니다. 성경은 이렇게 말합니다. "매를 아끼는 자는 그의 자식을 미워함이라 자식을 사랑하는 자는 근실히 징계하느니라"(잠 13:24).

예수님은 당시 예루살렘 성전의 정화를 위해 채찍을 드셨습니다. "노끈으로 채찍을 만드사 양이나 소를 다 성전에서 내쫓으시고 돈 바꾸는 사람들의 돈을 쏟으시며 상을 엎으시고"(요 2:15). 무슨 의미입니까? 사랑은 간혹 채찍도 들 줄 아는 것임을 말하고 있습니다. 이 채찍은 파괴가 목적이 아닙니다. 변화와 회복을 위한 고통의 수순입니다. 그러므로 여기서 말한 '착한 행실'은 이러한 모든 것을 포함한 사랑이 그 본질에 있습니다. 사람을 자발적으로 구제하는 것이나, 전도나 선교를 하는 것이나, 또는 열심히 봉사하며 섬기는 일체의 사랑 행위를 뜻합니다. "너희는 세상의 빛이라!", "너희 착한 행실을 보고…!"

'빛이라'가 있는 말씀으로 요한복음이 있습니다. "그 안에 생명이 있었으니 이 생명은 사람들의 빛이라"(요 1:4). 여기서 빛은 다름 아닌 '생명'을 뜻합니다. 생명이 곧 빛입니다. 생명이 없으면 빛이 존재할 수 없습니다. 그리고 이 생명은 영원히 꺼지지 않는 생명, 즉 영생을 뜻합니다. 그러니까 우리 안에 예수 그리스도의 생명이 존재하는 것 자체가 바로 빛입니다. 이 '생명'을 재해석하면 '사랑'입니다. 왜냐하면 사랑이 없으면 우리는 아무 것도 아니기 때문입니다. 사랑이 없으면 그 생명은 무의미합니다. 사랑이 없으면 그 자체가 이미 죽음입니다. 그래서 사랑은 곧 생명인 것입니다. 사랑이 영원하듯이 예수 그리스도, 즉 '그 안에 있는 생명'은 영원합니다. 그 래서 우리가 예수님을 믿고 영생에 대한 믿음과 소망을 가진 하나님의 자 녀가 되었다는 사실이 얼마나 귀한 일입니까?

다시 말해 봅니다. "이 생명은 사람들의 빛이라!", "이 사랑은 사람들의 빛이라!" 같은 맥락입니다. 그러므로 우리가 빛의 자녀들처럼 행한다는 것은 다름 아닌 서로 사랑하는 것입니다. "사랑하는 자들아 우리가 서로 사랑하자 사랑은 하나님께 속한 것이니 사랑하는 자마다 하나님으로부터 나서 하나님을 알고 사랑하지 아니하는 자는 하나님을 알지 못하나니 이 는 하나님은 사랑이심이라"(요일 4:7-8).

이제 마지막으로 에베소서를 보겠습니다. "너희가 전에는 어둠이더니 이제는 주 안에서 빛이라 빛의 자녀들처럼 행하라"(엡 5:8). 성경은 우리가 믿음으로 말미암아 구원을 받는다고 합니다. "너희는 그 은혜에 의하여 믿 음으로 말미암아 구원을 받았으니 이것은 너희에게서 난 것이 아니요 하 나님의 선물이라"(엡 2:8). 그렇다면 믿음은 무엇입니까? 믿음은 단순히 구 원의 원리나 그 개념을 잘 알고 있는 것이 아니라, 더 나아가 그 말씀을 지 켜 행하는 것입니다. 그래서 "빛의 자녀들처럼 행하라" 하는 것입니다. 그 러면 어떻게 됩니까? "내 이름을 경외하는 너희에게는 공의로운 해가 떠 올라서 치료하는 광선을 비추리니 너희가 나가서 외양간에서 나온 송아

지같이 뛰리라"(말 4:2). 경외는 믿음과 더불어 그 행위가 균형과 조화를 이루는 삶을 뜻합니다. 그러니까 지켜 행하는 삶이 없으면 그것은 결코 하나님을 경외하는 것이 아닙니다.

다시 본문을 봅니다. "너희가 전에는 어둠이더니 이제는 주 안에서 빛이라 빛의 자녀들처럼 행하라 빛의 열매는 모든 착함과 의로움과 진실함에 있느니라"(엡 5:8-9). 우리가 전에는 이 사랑과 생명이 없는 어둠이었는데 이제는 주님을 믿어, 주님으로 말미암아 빛의 자녀가 되었습니다. 그러므로 우리는 이제 빛의 자녀들처럼, 생명이 있는 자처럼 살아야 합니다. 그것은 서로 사랑하는 것입니다. 서로 아끼고 칭찬하고 격려하는 것입니다.

그리고 이 빛의 열매는 모든 착함과 의로움과 진실함이라고 했습니다. 여기서 착하다는 것은 선하다는 뜻입니다. 선하다는 것은 좋다는 것입니다. 또 의롭다는 것은 올바르다는 뜻입니다. 틀리지 않고 바른 것입니다. 그리고 진실하다는 것은 진리를 뜻합니다. 진리는 어원적으로 '가려져 있지 않은 것'을 뜻합니다. "이튿날 요한이 예수께서 자기에게 나아오심을 보고 이르되 보라 세상 죄를 지고 가는 하나님의 어린 양이로다"(요 1:29). 여기 분명히 "보라" 하지 않습니까? 진리는 어떤 학문이나 철학 논리의 궁극적 실체가 아니라 바로 인격입니다.

그래서 예수님은 이렇게 말씀하셨습니다. "예수께서 이르시되 내가 곧 길이요 진리요 생명이니 나로 말미암지 않고는 아버지께로 올 자가 없느니라"(요 14:6). 사랑은 곧 결코 가려질 수 없는 진실이며 진리입니다. 왜냐하면 사랑은 반드시 밖으로 드러나게 되어 있기 때문입니다. 그래서 성경은 "빛의 자녀들처럼 행하라"고 했습니다. "새 계명을 너희에게 주노니 서로 사랑하라 내가 너희를 사랑한 것같이 너희도 서로 사랑하라"(요 13:34). 사랑이 모든 율법의 완성인 것처럼 사랑은 이미 그 자체가 가장 위대한 성공이며, 또한 가장 큰 복 중의 복입니다. 그래서 사랑으로 행하는 자만이 예수님처럼 그 위대한 선언을 할 수 있습니다. "다 이루었다!"

말씀을 정리하면, 여러분에게 믿음이 있다면 반드시 '착한 행실'이 따라야 합니다. 그리고 부인할 수 없는 확실한 '예수 그리스도의 생명'이 있다면 바울과 같이 이렇게 말할 수 있어야 합니다. "이후로는 누구든지 나를 괴롭게 하지 말라 내가 내 몸에 예수의 흔적을 지니고 있노라"(갈 6:17).

'예수의 흔적'이란 무엇입니까? 어느 날 나는 비로소 내가 곧 죄인임을 깊이 깨달았습니다. '예수의 흔적'이란 자신이 죄인이라는 이 거룩한 지식이 내 영혼 안에서 확실한 경험과 감동으로 일어난 것을 뜻합니다. 이는 곧 '십자가의 흔적'이기도 합니다. 그때 나는 엉엉 울었습니다! 마음에 이 흔적이 분명히 있어야 합니다. 이 사실이 내 안에서 형용할 수 없는 기쁨과 감격으로 머물러 있어야 한다는 뜻입니다.

만약 그렇지 않다면 이렇게 다시 질문해야 합니다. "형제들이여, 내가 어떻게 해야 구원을 얻을 수 있습니까?" 십자가의 흔적이 있다면 오늘날 교회와 세상은 눈에 보이게 달라질 것입니다. 너무나 확실하고 분명한 우리의 구원에는 강한 설득력과 감화력이 있기 때문입니다.

그래서 이 예수의 흔적은 "나는 분명히 죄인 중의 괴수였는데 주님께서 이런 나를 용서해 주셨습니다!" 하는 것입니다. 즉 죄 사함의 은혜를 확실하게 깨닫는 것입니다. 이를 도무지 부인할 수 없는 바로 그것이 예수의 흔적입니다. 지난날 하나님은 이스라엘 백성들에게 '너는 내 백성이야'라는 할례의 흔적을 주셨습니다. 이제 우리는 회개함으로 내 마음의 성전의 휘장이 찢겨집니다. 이러한 흔적이 내 안에 있어야 합니다.

그래서 이렇게 고백합니다. "나는 확실합니다. 주님은 나 때문에 십자가에서 죽으셨습니다." 십자가, 곧 이렇게 예수의 흔적이 있는 이 사람이 바로 세상이 감당하지 못하는 성도가 됩니다. "(이런 사람은 세상이 감당하지 못하느니라) 그들이 광야와 산과 동굴과 토굴에 유리하였느니라"(히 11:38).

매년, 혹은 매일 떠오르는 아침 해를 바라보며 사람들은 주로 무슨 생각을 할까요? 그러나 우리는 이제 생각의 차원이 달라져야 합니다. 나는 과연 빛의 자녀들처럼 살고 있는지를 묻고 또 물어야 하기 때문입니다.

말씀을 정리하면, '빛의 자녀처럼 행하는 것'은,

1) '예수 믿는 성도로서 항상 이 구원의 확신을 가지고 살아라. 진정한 생명이 존재하는 자처럼 살아라'입니다.

2) 착한 행실, 열매가 있는 삶입니다.

  믿음의 확신을 기반으로 사랑과 섬김으로 자신의 존재감을 높여야 합니다. 그러면 삶의 질이 더욱 높아질 것입니다.

10 또 내게 말하되 이 두루마리의 예언의 말씀을 인봉하지 말라 때가 가까우니라 11 불의를 행하는 자는 그대로 불의를 행하고 더러운 자는 그대로 더럽고 의로운 자는 그대로 의를 행하고 거룩한 자는 그대로 거룩하게 하라 12 보라 내가 속히 오리니 내가 줄 상이 내게 있어 각 사람에게 그가 행한 대로 갚아 주리라 13 나는 알파와 오메가요 처음과 마지막이요 시작과 마침이라 (계 22:10-13)

Act Like the Children of Light!

Disciples Methodist Church, Pastor. Ick Hwan, Bae

For you were once darkness, but now you are light in the Lord. Live as children of light(Ephesians 5:8)

People tend to think about many things when they look at the sunrise in the beginning of the New Year or beginning of each day. Depending on the location, whether from a mountain top or a sea shore, the sentimental feelings from watching the sunrise will grow. It could also be an opportunity to change up one's mind and release all the thoughts that had been tied up on something. That's why people prefer morning sunrise over the lonely sunset in the afternoon. Although the sunset can be interpreted in a positive way, the sadness from the setting sun gives a rather gloomy image. Though there's light during sunset, it's the light that will vanish soon and become darkness. Everyone has their own thoughts on that.

The cold and windy winter season has started but at the same time we must know that soon spring will come and new sprouts and flowers will appear. The rising sun in the morning definitely has a different meaning. This light looks towards the peak of the sunlight during noon. Psalms 37:6 "He will make your righteousness shine like the dawn, the justice of your cause like the noonday sun."

So! What does it mean for us to become the light? What kind of life does it mean we should have when we act like the children of light? In the Bible the word "It's Light" appears in three books; Matthew, John, and, Ephesians (where today's verse is based on).

First, Matthew 5:14 It says, "You are the light of the world. A city on a hill cannot be hidden.15 Neither do people light a lamp and put it under a bowl. Instead they put it on its stand, and it gives light to everyone in the house. 16 In the same way, let your light shine before men, that they may see your good deeds and praise your Father in heaven."

Here, the "Light" means the "good deeds" of the saints. Then what is considered as "good deed?" The essence of "good deeds" is love. If there's no love one cannot perform good deeds. I sometimes ponder on the meaning of love. What is love? Is love something that you just give out like a fool, without getting angry and get mistreated by others? Absolutely not. The Bible provides evidence in Proverbs 13:24. "He who spares the rod hates his son, but he who loves him is careful to discipline him."

Jesus at the time raised a whip for the purification of temple of Jerusalem. John 2:15 "So he made a whip out of cords, and drove all from the temple area, both sheep and cattle; he scattered the coins of the money changers and overturned their tables." What does this verse mean? Sometimes one must raise a whip for the purpose of love but with no intention of destruction. It is a process of suffering for change and restoration. Therefore the essence of "good deeds" is love, which includes everything mentioned above. To willingly tell people about salvation, evangelize, go on missions, and do voluntary works, all of these are different types of showing love. "You are the light of the world," "That they may see your good deeds…!"

Secondly, John talks about the "Light." John 1:4 "In him was life, and that life was the light of men." Here the "Light" symbolizes life, for life is light. Without life, the light cannot exist. And the life here means eternal life that never goes out. Therefore the very existence of Jesus Christ's life in us is the very light itself. If we reinterpret this "Life" it means "Love" because without love we are nothing. Without love, life is meaningless. Having no love means death. That's why love is life. Just like love is eternal, life in Jesus Christ is eternal. How valuable is it to be the children of God who has faith and hope about the eternal life by believing in Christ Jesus?

I repeat, it's similar in saying that "This life is the light of the people!" "This love is the light of the people!" Therefore to act like children of God is to love each other. 1John 4:7 "Dear friends, let us love one another, for love comes from God. Everyone who loves has been born of God and knows God. 8 Whoever does not love does not know God, because God is love."

Lastly let us look at today's verse. Ephesians 5:8 For you were once darkness, but now you are light in the Lord. Live as children of light."

The Bible says that we are saved by faith. Ephesians 2:8 "For it is by grace you have been saved, through faith – and this not from yourselves, it is the gift of God." Then what is faith? Faith is not merely knowledge of principles or concept of salvation, but moreover, is to keep the Word and act upon it. Therefore it is said to "act like the children of light." What happens then? Malachi 4:2 "But for you who revere my name, the sun of righteousness will rise with healing in its wings. And you will go out and leap like calves released from the stall." Living a God-fearing life is when one's faith is well-balanced and harmonized with actions. Therefore, living a life with no actions of faith means not living a God-fearing life.

Let's look at the main verse once more. Ephesians 5:8 For you were once darkness, but now you are light in the Lord. Live as children of light, for the fruit of the light consists in all goodness, righteousness and truth." We used to be the darkness with no love and life, but now trusting God we became the children of light. Therefore we, like the children of light, must live like those who have light in them. That's what it means to love each other. So we must encourage, approve, and take good care of each other. The fruit of the light is said to be all the kindness, righteousness, and truth. The word "kindness" here means goodness. Goodness is something that is favorable. Also righteousness means being upright. It's not something wrong, but correct. And verity signifies truth. The word "truth" etymologically means "something that is not hidden." In John 1:29 "The next day John saw Jesus coming toward him and said, "Look, the Lamb of God, who takes away the sin of the world!" It clearly says in the verse to "look!" Truth is not the ultimate entity of academics or philosophical logic, but a personality. That's why Jesus said in John 14:6 "I am the way and the truth and the life. No one comes to the Father except through me." Love is, therefore, truth and verity that cannot be hidden because love appears through outwardly expression. So Bible tells us to "act like the children of light." John 13:34 "A new command I give you : Love one another. As I have loved you, so you must love one another." Just like the love is the completion of law as a whole, love itself is the utmost success and the greatest blessing out of all blessings. Only those who act upon love could declare like Jesus did, "It is finished!"

I will summarize today's Word as follows. Good Deeds must be evident in your lives if you live by faith. And if you have the undeniable life of Jesus within you, you must be able to say just like apostle Paul did. Galatians 6:17 "Finally, let no one cause me trouble, for I bear on my body the marks of Jesus."

What are the "marks of Jesus" mentioned in the verse? One day I finally realized that I was a sinner. This means that the sacred knowledge that tells me that I am a sinner appeared in my soul through certain experience and impression. This is what the "marks of Jesus" means. When I realized it, I broke into tears. We need to have those Jesus' marks in our hearts. This means that such truth must remain in us as an unexpressable joy and emotion.

If not so, then we must ask again. Brothers, what can I do to earn salvation? If Jesus' marks are evident today, then we will witness the changes in churches and the world. The problem lies in the fact that we consider our salvation with such certainty that influences and persuades us greatly. That's why having these marks of Jesus is about proclaiming that "I used to be the worst sinner of all, however you saved a wretch like me." This means to truly realize the forgiveness of sins. This undeniable truth is the "marks of Jesus."

In the past days God said to Israelites, "You are my people!" and gave them the "mark" of circumcision. Through repentance our heart's temple curtain was torn in two. That kind of "mark" should be revealed in me. That's why we should declare, "I'm definite that Jesus has died on the cross for me." Anyone who has in them the cross, which is the mark of Jesus, becomes the person that the world cannot bear; becomes the saint (church member).

Hebrews 11:38 "the world was not worthy of them. They wandered in deserts and mountains, and in caves and holes in the ground."

Each year or everyday, what do people mostly think about when they see the morning sunrise? Whatever with the way they think. We must think differently because we repeatedly ask ourselves whether we're living the life like that of children of light.

To summarize today's sermon. What "Acting like Children of Light" means

1. Always have assurance in salvation as a believer of Christ! Live like the one with genuine life!

2. Good Deeds. Living a fruitful life.

To put everything together, it means that by having the basis of assurance one should uphold one's existence through love and service. Then the quality of life will become better.

[10] Then he told me, "Do not seal up the words of the prophecy of this book, because the time is near. [11] Let him who does wrong continue to do wrong; let him who is vile continue to be vile; let him who

does right continue to do right; and let him who is holy continue to be holy." 12 "Behold, I am coming soon! My reward is with me, and I will give to everyone according to what he has done. 13 I am the Alpha and the Omega, the First and the Last, the Beginning and the End."
(Revelation 22:10-13)

行事为人就当像光明的子女!

门徒监理教会, 裴益换 牧师

> 从前你们是暗昧的, 但如今在主里面是光明的, 行事为人就当像光明的子女(弗 5:8)

人们在每年正月初或是在每天开始之际, 看着太阳初升, 各自都会有很多的想法。看日出的场所若是海边或是山顶时, 感怀就更深一层。望着冉冉升起的太阳, 有时也会当做放飞自己那被压抑之心境的机会。于是, 人们比起傍晚那凄凉的晚霞, 似乎更喜欢早晨冉冉升起的太阳。当然, 晚霞也有自己的意境。因为, 晚霞过后必然会迎来清晨。但是, 落日的痛楚及其余韵的存在也是事实。有光也即将消失, 所以甚至于会认为那不是光而是黑暗。反正都在与于各自的想法。

现在正是进入冬天寒冷的时节, 但不可忘记的是这也意味着寒冷过后必将迎来春暖花开的时节。早晨升起的太阳, 其意义显然不同。因为透过晨光就可以看到正午的日头这阳光的顶点。

诗篇37章6节 "他要使你的公义如光发出, 使你的公平明如正午"

那么 '我们要成为光' 意味着什么呢? '我们行事为人当像光明儿女' 又意味着怎样的生活呢? 在圣经里检索 "是…光!" 这般话语时, 会出现在三处, 即: 马太福音, 约翰福音, 以弗所书。

先看一下马太福音。"你们是世上的光。城造在山上, 是不能隐藏的。人点灯, 不放在斗底下, 是放在灯台上, 就照亮一家的人。你们的光也当这样照在人前, 叫他们看见你们的好行为, 便将荣耀归给你们在天上的父"（太5：14-16）。

这里的'光'意味着圣徒的"好行为"。那么"好行为"又是什么呢？其本质就是爱。因为没有爱，就不会有"好行为"。我经常会想'爱'是什么？爱到底是什么呢？爱难道真是像傻子一样，不会生气只会施与，无条件受人欺压的吗？当然，绝对不是那样！经上见证说"不忍用杖打儿子的，是恨恶他；疼爱儿子的，随时管教"（箴13：24）。

耶稣为了洁净耶路撒冷圣殿而举起了鞭子。"耶稣就拿绳子做成鞭子，把牛羊都赶出殿去，倒出兑换银钱之人的银钱，推翻他们的桌子"（约2：15）。这话意味着什么呢？爱有时也会举起鞭子。但'破坏'本身绝不是目的，而是出于为改变和恢复而有的痛苦的顺序。

所以，在这里所说的"好行为"乃是包含着这一切的是爱的本质，意味着主动去救济，传道，宣教，服事，等一切出于爱的行为。"你们是世上的光！""看见你们的好行为…！"

然后，有"是…光！"这话语的乃是约翰福音。"生命在他里头，这生命就是人的光"（约1：4）。在这里，光显然是意味着生命。生命就是光。没有生命，光是无法存在的。另外，这生命所意味的是永远不灭的生命，就是意味着永生。所以说，在我们里面有耶稣基督生命的存在其本身就是光。若对这"生命"再解释的话，就是"爱"。因为，我们若没有爱，就算不得什么。若没有爱，其生命就会毫无意义。若没有爱，其本身就已经是死亡了。所以才会说，爱就是生命。爱是永远的，同样耶稣基督里的生命也是永远的。所以，我们信了耶稣，成为对永生有了信和望的神之儿女，是何等可贵的呢！

"这生命就是人们的光！"与"这爱就是人们的光！"是一样的脉络。所以说，要我们行事为人像光明子女，显然就是我们彼此相爱。"亲爱的弟兄啊，我们应当彼此相爱，因为爱是从　神来的。凡有爱心的，都是由神而生，并且认识神。没有爱心的，就不认识神，因为神就是爱"（约壹4:7-8）。

最后我们看一下本文。"从前你们是暗昧的，但如今在主里面是光明的，行事为人就当像光明的子女"（弗5:8）。

圣经告诉我们，我们是因信得救的。"你们得救是本乎恩，也因着信。这并不是出于自己，乃是神所赐的"（弗2:8）。那么，信又是什么呢？信不是单单熟知得救的原理或是概念，而是进一步遵行神的话语的。所以才会说，"行事为人当像光明子女"。既是这样，下面会如何进行呢？"但向你们敬畏我名的人，必有公义的日头出现，其光线有医治之能。你们必出来跳跃如圈里的肥犊"（玛4:2）。敬畏是意味着行为与信形成均衡与和谐的生活。所以，若没有遵行的生活，就绝不是敬畏神。

再看一下本文。"从前你们是暗昧的，但如今在主里面是光明的，行事为人就当像光明的子女。光明所结的果子就是一切良善、公义、诚实"（弗5:8-9）。我们从前是没有爱和生命的黑暗，如今却因着信主而借着主成为了光明之子。所以，我们现在当要像光明之子那样，活出有生命的生活。那就是彼此相爱。我们当要彼此爱惜，彼此称赞，彼此激励。

另外，光明所结出的果子是一切良善、公义、诚实。在这里，良善是意味着好的；公义使意味着正确的，诚实是意味着真理。真理在语源上乃是意味着"没有被遮挡的"意思。经上不是记着说"次日，约翰看见耶稣来到他那里，就说：'看哪，神的羔羊，除去世人罪孽的！'"（约1:29）。真理不是什么学问或是哲学逻辑上的最终实体，而是人格。

所以耶稣才会说："我就是道路、真理、生命；若不藉着我，没有人能到父那里去"（约14:6）。爱是绝对无法遮掩的真实与真理。因为，爱是必须要表现出来而显明的缘故。所以圣经才会说："行事为人就当像光明的子女！"约翰福音里记着说"我赐给你们一条新命令，乃是叫你们彼此相爱；我怎样爱你们，你们也要怎样相爱"（约13:34）。正如爱成就了一切律法一样，爱本身就是伟大的成功，就是最大之福中的福分。唯有行在爱里的人，才能说出耶稣那般的伟大宣言"都成了！"

现在我们一同来整理一下话语。诸位若是有信心，就必然要伴随"好行为"。再有就是，诸位若是有着无法否认的确实的"耶稣基督的生命"，就会像保罗那样告白说："从今以后，人都不要搅扰我，因为我身上带着耶稣的印记"（加6:17）。那么，这里的"耶稣的痕迹"又是什么呢？有一天，你深刻认识到自己是罪人。这是说明你是罪人的圣洁的知识，在你的灵魂里引起了确实的经历于感动。这正是十字架的痕迹。那时，你痛哭流泪了！你的心中就当有这般确实的痕迹。即，这样的事实要在你的里面成为无法形容的喜乐与感恩。若是没有这样的话，你就当提问了，我怎样才能得救呢？你的身上若有十字架的痕迹，那么教会与世界在你眼中必然会有明显的变化。

如此，耶稣的痕迹乃是指"我分明是罪人中的罪魁，主却饶恕了我！"即，确实地领悟到了罪得赦免的恩典。无法否认这个的，正是耶稣的痕迹。

另外，神在过去对以色列百姓说"你是我的百姓！"然后给了他们割礼的痕迹。通过悔改，你心中的圣殿幔子撕开了。你的里面要有这等痕迹。于是，才会告白说"我确实地相信，主是因为我才在十字架上受死的"。身上有着十字架（就是有耶稣痕迹的人），才是胜过世界的人，才会成为圣徒。"在旷野、山岭、山洞、地穴飘流无定，本是世界不配有的人"（来11:38）。

每年或是每日望着冉冉升起的太阳，人们主要都会想什么呢? 但我们的想法层次当要有所不同。因为，我们要不断地问自己，行事为人是否像光明之子呢?

再次整理话语如下。所谓行事为人当像光明的子女一样 ——是意味着

1) 作为信耶稣的圣徒，要常常带着得救的确信去生活! 当要像真正有生命之人那样生活!

2) 有好的行为。这还是结出果子的层次。

若对此加以综合，就是要基于确信而以爱与服事来提高自身的存在感。那样，你的生活质量就会更高。

他又对我说："不可封了这书上的预言，因为日期近了。不义的，叫他仍旧不义；污秽的，叫他仍旧污秽；为义的，叫他仍旧为义；圣洁的，叫他仍旧圣洁""看哪，我必快来! 赏罚在我，要照各人所行的报应他。我是阿拉法，我是俄梅戛；我是首先的，我是末后的；我是初，我是终"（启22:10-13 ）

사명

제자감리교회 배익환 목사

1 하나님의 아들 예수 그리스도의 복음의 시작이라 2 선지자 이사야의 글에 보라 내가 내 사자를 네 앞에 보내노니 그가 네 길을 준비하리라 3 광야에 외치는 자의 소리가 있어 이르되 너희는 주의 길을 준비하라 그의 오실 길을 곧게 하라 기록된 것과 같이 4 세례 요한이 광야에 이르러 죄 사함을 받게 하는 회개의 세례를 전파하니 5 온 유대지방과 예루살렘 사람이 다 나아가 자기 죄를 자복하고 요단 강에서 그에게 세례를 받더라 6 요한은 낙타털 옷을 입고 허리에 가죽 띠를 띠고 메뚜기와 석청을 먹더라 7 그가 전파하여 이르되 나보다 능력 많으신 이가 내 뒤에 오시나니 나는 굽혀 그의 신발끈을 풀기도 감당하지 못하겠노라 8 나는 너희에게 물로 세례를 베풀었거니와 그는 너희에게 성령으로 세례를 베푸시리라 (막 1:1-8)

당신은 누구입니까?

마가복음은 네 개의 복음서 중에 가장 먼저 기록된 책입니다. 모든 복음서의 원본인 셈입니다. 마태, 누가, 그리고 후에 가서 요한복음도 이 마가복음에 기초하고 있습니다. 마가는 사도 바울과 가까운 사이였고 바나바의 생질이었으며, 무엇보다 베드로의 제자, 혹은 베드로의 통역관으로 잘 알려져 있습니다. 그만큼 실력 있는 사람이었습니다.

우리에게는 마가의 다락방(첫 집회 장소)이 더 익숙한데, 이는 그가 아주 부요한 집안의 출신이라는 것을 의미하기도 합니다. 그는 직접적인 제자는 아니었지만 일찍부터 사도 바울이나 베드로의 영향을 받아 예수 그리스도를 잘 아는 사람 중 하나였습니다. 그는 바울과 함께 선교를 하다가 고생스러워 도중하차를 하는 바람에 한때 바울에게 실격당한 적도 있으나 바나바의 성실한 보살핌으로 이후 바울의 좋은 동역자로 소개되기도 합니다.

그는 누구보다 선교의 의미와 필요성을 잘 알았기에 이방인을 대상으로 이 복음서를 기록했습니다. 그때가 주후 65-70년으로 이스라엘이 완전히 멸망하기 몇 년 전이었습니다.

마가는 가장 먼저 이 책이 예수 그리스도에 대한 이야기임을 분명히 하고 있습니다. 그런 다음 이사야 선지자의 예언을 인용하면서 세례 요한이 바로 그 '사자'임을 소개합니다.

> 선지자 이사야의 글에 보라 내가 내 사자를 네 앞에 보내노니 그가 네 길을 준비하리라 광야에 외치는 자의 소리가 있어 이르되 너희는 주의 길을 준비하라 그의 오실 길을 곧게 하라 기록된 것과 같이
> (막 1:2-3)

세례 요한은 제사장 반열에서 나왔습니다. 그의 아버지 사가랴가 제사장이었던 것입니다.

> 천사가 그에게 이르되 사가랴여 무서워하지 말라 너의 간구함이 들린지라 네 아내 엘리사벳이 네게 아들을 낳아 주리니 그 이름을 요한이라 하라 (눅 1:13)

사가랴는 특별히 의인이었습니다. 그런데 성경은 '이새의 아들 다윗', '아밋대의 아들 요나', '아모스의 아들 이사야', '힐기야의 아들 예레미야', '사밧의 아들 엘리사' 등 혈통의 중요성을 암시합니다. 세례 요한도 의인 사가랴의 아들로 소개되고 있습니다. 물론 절대적인 것은 아니지만 이 점이 중요한 것만은 분명합니다. 성령님은 이 토양 위에 역사하십니다.

특별히 구약 시대에는 하나님을 경외하는 태도가 중요했습니다. 하나님은 당신을 경외하지 않는 자에게 당신의 영광스런 소명을 주시지 않았습니다. 당연하지 않습니까? 그러나 타고난 성품도 무시하지 못합니다. 그리고 타고난 다양한 기질도 주님에게는 아주 중요한 선택의 기준이 됩니다. 그 다양성은 하나님께서 주신 것이기 때문입니다.

예를 들어, 욕심이 많은 것은 주님을 위한 거룩한 욕심이 되어 쓰임 받을 수 있습니다. 유별나게 고집이 세고 끈질긴 것도 주님의 일에 유용하게 쓰임 받을 수 있습니다. 다만 이도 저도 아닌 미지근함은 쓸 데가 없습니다. 열심도 없고, 의욕도 없고, 꿈도 없고, 책임감도 없는 사람은 사용하실 수 없는 것입니다. 분명한 것은 쓰시든 안 쓰시든 성령님은 그 사람의 기질이나 성품을 적절히 사용하신다는 사실입니다.

> 야곱아 너를 창조하신 여호와께서 지금 말씀하시느니라 이스라엘아
> 너를 지으신 이가 말씀하시느니라 너는 두려워하지 말라 내가 너를
> 구속하였고 내가 너를 지명하여 불렀나니 너는 내 것이라 (사 43:1)

세례 요한은 아론의 반열에서 나온 제사장 사가랴에게서 태어났습니다. 그런데 우리는 왕 같은 제사장으로 태어났습니다. 예수님의 혈통으로 태어났습니다. 세상에서 거룩함으로 구별된 나실인으로 태어났습니다. 하

나님의 거룩성을 가진 존재로 태어났습니다. 씨 자체가 거룩한 씨입니다.

그러므로 우리의 혈통이 예수 그리스도로 말미암았으므로 지난날 율법 안에서 태어난 세례 요한보다 더 의미 있다는 사실에 자부심을 가져야 합니다. 더구나 우리는 매 주일 주님의 교회에 나가 말씀을 먹고 교육을 받으며, 때를 따라 도우시는 성령님에게 가르침을 받습니다. 정말 대단한 혈통이지 않습니까?

우리 모두 예수 그리스도를 믿는 믿음으로 말미암은 그 의로운 혈통을 이어 가기 바랍니다.

사명자의 길

예수님은 우리에게 "너희는 세상의 소금이며 빛이다"라고 하셨습니다. 사도 요한은 "눈으로 직접 본 바요 만진 바라"고 말했습니다. 베드로는 "왕 같은 제사장"이라고 했습니다. 예수님의 십자가로 인하여 구원받아 하나님의 군사가 되었습니다. 우리 안에는 예수 그리스도의 십자가로 인하여 회복된 전지전능한 '하나님의 형상'이 있기 때문입니다.

그런데도 왜 남을 부러워하고 열등감을 느끼는 겁니까? 하나님의 사람은 다윗처럼 어디서든 패하지 않습니다. 이 정체성이 없기 때문에 '나는 존재감이 제로야! 나는 아무것도 아니야' 하는 자기비하를 하는 것입니다.

한때는 왕 같은 제사장이라는 사실에 감격했는데 지금은 감격하지 않습니까? 처음 사랑을 잃어버렸기 때문입니다. 예배 제도에 갇혀 형식적으로 예배드리고 믿음을 고백하는 매너리즘에 빠졌기 때문입니다.

이제 하나님의 말씀을 들어도 나를 성장시키고 발전시키는 동력이 되지 못합니까? 말씀을 만홀히 여겨 스스로 낙태하기 때문입니다. 자연유산은 새로운 생명을 부여잡는 몸부림이라도 있으나 낙태는 그런 것도 없습니다.

그러나 너를 책망할 것이 있나니 너의 처음 사랑을 버렸느니라(계 2:4)

마가는 세례 요한이 예수님을 소개한 사람이라고 말합니다. 예수님을 영접한 우리에게도 그와 같은 부르심과 소명이 있음을 잊지 말아야 할 것입니다. 먼저 자신에게 물어보십시오. '나는 하나님의 자녀가 되었는가? 나는 거듭났는가?' 이 질문에 대답할 수 없다면 우리는 예수님을 어느 누구에게도 소개할 수 없을 것입니다. 먼저 자신에게 복음을 소개할 수 있을 때 남에게 복음을 전할 수 있습니다.

세례 요한은 예수님을 제3자로서 소개했으나 우리는 당사자로서 예수님을 소개합니다. 무슨 말입니까? 우리는 밖에 계신 예수를 소개하는 것이 아니라 내 안에 계신 예수를 그리스도라고 전합니다. 요한은 "보라 하나님의 어린 양이로다" 하고 소개했지만 우리는 내 안에 계신 예수님을 소개합니다. 내 안에 계신 예수를 그리스도라고 전하는 것이 바로 복음의 시작입니다.

우리가 성령 충만하지 못하면 이 사실이 불분명해집니다. 내가 만난 예수 그리스도가 분명해야 합니다. "나는 정직하지 않아. 가끔 혈기도 부려. 너무 부족해" 하십니까? 예수님을 만났다 해도 우리의 성품이 한순간에 성인군자가 되지는 않습니다. 나는 부족하고 허물이 많지만 그럼에도 내 안에 계신 예수 그리스도를 말하십시오.

세례 요한은 그 시대의 의인이었지만 예수를 간접적으로 소개했습니다. 그러나 우리는 그런 의인이 아니라 죄를 용서받은 의인, 칭의가 있기 때문에 직접적인 소개를 해야 합니다. 그러기 위해서는 자기가 자기 자신에게 먼저 예수를 확실하게 전해야 합니다. 구원의 확신을 가져야 합니다.

그렇게 복음의 확신을 가진 뒤에는 가족에게 예수를 소개하십시오. 거부하며 오히려 나를 비난하는 가족을 보며 긍휼의 마음을 갖게 될 것입니다. 인내하며 소망을 가지고 기다리게 될 것입니다. 이것이 바로 믿음의 권세입니다.

내 안에 주님이 없던 지난날에는 나의 약점이 드러나는 것이 두려웠을 것입니다. 누군가 비난하면 속상해하며 반발했을 것입니다. 그러나 이제 예수를 지닌 이상 내 약점과 잘못으로 인해 스스로 정죄하지 마십시오. '나는 전엔 더 나빴다. 지금은 조금이라도 달라지지 않았는가. 진보가 있지 않은가' 하며 스스로 칭찬하고 격려하십시오. '나는 주님의 나라다. 낙심하지 말고, 포기하지 말고 사랑하자, 봉사하자, 전도하자' 하십시오.

내 안에 일어나는 갈등과 전쟁은 상한 감정으로 일어납니다. 주님은 그런 우리의 내면을 평화로 바꾸어 주십니다. "샬롬! 평강하냐? 네 안에 내가 있느냐?"

세례 요한은 광야에 살며 메뚜기와 석청을 먹었습니다. 성령의 인도함으로 자원하는 금욕은 금욕주의가 아닙니다. 억지로, 형식적으로 하는 것이 금욕주의입니다. 세례 요한은 시대를 알리는 외침이었습니다. 그런 그의 소리를 듣고 백성들이 몰려들었습니다. 하지만 정작 들어야 할 사람들은 그를 멀리 했습니다.

시대를 알리는 외침이 있을 때 백성들은 듣기를 힘쓰며 깨달아 바르게 살기를 원했으나 종교 지도자들은 듣기를 싫어했고 미워했고 깨닫고 싶어 하지 않았습니다. 이스라엘은 메시아가 약속된 나라였습니다. 그럼에도 메시아로 오신 예수님을 이스라엘은 알아보지 못했습니다. 시대의 외침을 듣고 메시아를 초대한 사람들은 그 자신이 복음이 되어 세상을 향해 나아갔습니다.

세례 요한의 사역은 예수님께 세례를 베풂으로 끝이 났습니다. 이 예수가 곧 그리스도임을 증명하고 끝이 났습니다. 예수님이 요단 강에서 요한에게 세례를 받을 때 그가 메시아임이 선포되었습니다.

> 하늘로부터 소리가 나기를 너는 내 사랑하는 아들이라 내가 너를 기뻐하노라(막 1:11)

세례 요한은 이제 죽어도 되고 살아도 되었습니다. 그의 사명은 여기까지였습니다. 그 후 더 큰일을 하고 안 하고는 중요하지 않습니다. 이후는 덤으로 사는 것이지 사명과 상관이 없습니다. 그런 의미에서 사명이 없는 삶은 참으로 공허합니다. 아무것도 아니기 때문입니다.

사명이 무엇입니까? 이 나라와 세계는 당신을 필요로 합니다. 당신을 찾고 있습니다.

chapter 03

인천온누리교회
서경남 목사

인천온누리교회를 소개합니다

온누리교회는 하나님께서 고(故) 하용조 목사님을 통하여 주신 '사도행전적 교회'의 비전으로 세워진 교회입니다. 사도행전적 교회란, 예수님께서 주인 되시고 성령님께서 이끄시는 교회입니다. 모든 성도가 세상의 소금과 빛으로 살아가며 삶으로 복음을 증거하는 선교사로 살아가는 교회입니다. 한 지역에만 머물지 않고 땅 끝을 향해 나아가는 교회입니다.

서경남 목사 인사말

"인천 땅에 생수의 강이 흐르고 넘치게 하라! 성령의 물길과 하늘 길이 열리게 하라!"

21세기를 주도할 국제 무역의 바닷길이 열리는 국제항만과 전 세계로 뻗어 나가는 하늘 길이 열리는 국제공항이 있는 곳. 그래서 하늘과 바다를 잇는 국제 물류 도시. 선조들의 얼이 서린 전통과 역사의 땅. 경제자유구역 국제도시로 선정되어 세계인이 몰려들 국제 비즈니스의 도시 인천.

인천 지역은 서울과 함께 한반도의 중심부로 조선시대 이래로 한국의 정치, 경제, 문화의 핵심이 되어 온 곳입니다. 인구와 주거, 행정, 공업 기능이 집중되어 있어 나라 전체에 큰 영향을 미치고 있는 곳이기도 합니다. 인구 약 300만으로 한국 7개 광역시 중 서울, 부산 다음으로 많은 인구가 살고 있으며, 8개 구와 2개 군으로 이루어져 있습니다. 하나님은 Acts 29의 비전이 국제 비즈니스의 도시 인천에서 새롭게 펼쳐지기를 원하십니다.

목회철학

1. 예배 공동체

예배란 주님의 몸에 있는 심장과 같습니다. 예배가 살아 있는 교회는 건강한 교회이며, 교회의 부흥은 예배에서부터 시작됩니다. 온누리교회는 모든 성도가 참된 예배자가 되는 예배 공동체를 추구합니다.

2. 성령 공동체

교회는 오순절 성령 강림으로부터 시작되었습니다. 교회가 성령님에 의해 이끌림을 받을 때 교회는 세상을 변화시키는 영적 영향력을 발휘하게 됩니다. 온누리교회는 성령님에 의해 세워지고, 성령님에 의해 운영되고, 성령의 열매를 맺기 원하는 성령 공동체입니다.

3. 선교 공동체

교회는 예수님으로부터 받은 천국 열쇠를 소유하고 있습니다. 교회가 음부의 권세를 이기고 천국의 열쇠를 소유하고 있다는 사실은 가장 크고도 확실한 축복입니다. 온누리교회는 2000/10000* 비전을 통해 땅 끝까지 복음을 전하며 고난받는 증인 공동체가 되기를 소망합니다.

예수 그리스도가 주인인 공동체를 이루는 것이 온누리교회의 목회철학입니다. 성경적인 공동체는 바로 예수 공동체입니다. 예수 그리스도가 주인이 되신 공동체요, 예수 그리스도를 위해 존재하는 공동체입니다. 온누리교회는 예배 공동체, 성령 공동체, 선교 공동체를 이루어 이 시대 참된 예수 공동체로 존재하기를 추구하고 있습니다.

◆ 예배 안내

- 예배 시간 : 주일예배 1부 오전 9:00, 2부 오전 11:30, 3부 오후 2:00

  (주중 예배 및 부서별 예배는 홈페이지를 참고해 주세요.)

- 교회 위치 : 인천광역시 연수구 테크노파크로 113 프리스페이스(자유공간)
- 교회 연락처 : 032-437-9686~7
- 홈페이지 : http://vision.onnuri.org/icn

* 2000/10000 비전 : 2천 명의 선교사와 1만 명의 전문 사역자를 양성하는 비전

비전

14 그러므로 이제는 여호와를 경외하며 온전함과 진실함으로 그를 섬기라 너희의 조상들이 강 저쪽과 애굽에서 섬기던 신들을 치워 버리고 여호와만 섬기라 15 만일 여호와를 섬기는 것이 너희에게 좋지 않게 보이거든 너희 조상들이 강 저쪽에서 섬기던 신들이든지 또는 너희가 거주하는 땅에 있는 아모리 족속의 신들이든지 너희가 섬길 자를 오늘 택하라 오직 나와 내 집은 여호와를 섬기겠노라 하니 (수 24:14-15)

예전에 한 가전제품 광고 카피가 "순간의 선택이 10년을 좌우한다"였습니다. 가전제품은 한 번 사면 적어도 10년은 사용하게 되므로 그만큼 신중하게 선택해야 한다는 의미입니다. 그러나 선택의 중요성은 비단 가전제품에만 해당하는 것이 아닙니다. 우리 인생에도 언제나 크고 작은 선택의 순간이 있습니다. 하다못해 오늘 점심은 뭘 먹을 것인지, 떡볶이를 먹을 것인지 오뎅을 먹을 것인지도 고민하고 선택해야 합니다. 이렇게 크고 작은 선택이 모여 우리 인생이 결정됩니다.

여러분은 지금까지 살면서 가장 중요한 결정이 무엇이었습니까? 그 순간 당신의 선택에 가장 결정적인 기준이 되었던 것이 무엇입니까? 여호수아서 24장 14-15절 말씀은, 이스라엘 백성이 가장 중요한 결정을 내려야 하는 순간을 포착하고 있습니다. 일평생 하나님의 사람으로 살아온 여호수아가 인생의 마지막 순간에 이스라엘 백성을 '세겜'으로 불러 모았습니다. 그리고 그는 다음의 말을 남기고자 했습니다. "하나님을 섬길 것인지, 아니면 이방 사람들의 신을 섬길 것인지 선택하라. 나와 내 집은 하나님만을 섬길 것이다." 여호수아의 이 선포가 여러분 모두에게 함께하기를 기도합니다.

우리는 여호수아의 말에서 한 가지 사실을 주목하게 되는데, 이 선포 속에서 매우 중요한 사실을 발견할 수 있습니다. '하나님을 섬길 것인지, 이방신을 섬길 것인지를 선택하라'는 이 선포 속에는 이스라엘 백성들 중에는 이방신을 섬기는 사람들이 있었다는 사실을 알려 줍니다. 만약 모두가 하나님만을 잘 섬기고 있었다면 여호수아는 선택의 문제를 이야기할 것이 아니라 신실한 믿음에 대해서 이야기했을 것입니다.

당시 이스라엘 백성이 어떤 사람들입니까? 하나님의 특별한 인도하심을 직접 체험한 사람들입니다. 아주 오래된 조상들이 경험한 하나님 이야기를 듣고 자란 사람들이 아닙니다. 할아버지와 아버지를 이집트 땅에서 구원하신 하나님 이야기를 듣고 자란 사람들입니다. 불가능에 가까운 가나안 정복을 하나님에 의지해 실제로 이룩한 사람들입니다. 그런데도 하나님을 여전히 섬기지 않는 사람들이 있었다는 것입니다. 하나님 입장에서 보면 이스라엘 백성이야말로 매우 완악한 사람들입니다.

그런데 오늘날 우리가 한 가지 생각해 봐야 할 것은, 우리 모습이 이스라엘 백성과 크게 다르지 않다는 사실입니다. 수련회 때, 예배 시간에, 집회 시간에 특별한 은혜를 체험하고도 일상에서는 하나님을 온전하게 의지하지 않을 때가 참 많습니다. 솔직히 말하면 하나님을 잊고 살 때가 대부분이지 않습니까? 어느 중학생이 일상에서 가장 큰 도전이 급식 시간에 식사기도 하는 것이라고 했습니다. 그나마 이 학생은 고민이라도 하지요. 많은 아이들이 교회 다닌다는 사실이 부끄러워 학교에서 말 못하지 않습니까?

여호수아가 이스라엘 백성들에게 외쳤던 이 외침이 우리의 진실한 신앙 고백으로 다가오는 은혜가 있기를 바랍니다. 그렇다면 왜 이스라엘 백성은 하나님을 온전히 섬기지 못했던 걸까요? 15절의 말씀을 보면, 냉정하게 말해서 이스라엘 백성들에게는 하나님을 섬기는 일보다 이방신을 섬기는 것이 더 좋아 보였다는 것을 알 수 있습니다. 그들의 눈에 좋아 보였기 때문입니다. 이스라엘 백성들이 무엇이 진리인지, 무엇이 옳은 길인지를 분별하고 따르는 삶을 살아간 것이 아니라, 자신들이 보기에 더 좋아 보이는, 내가 보기에 더 좋은 삶을 선택하면서 살아갔다는 것을 볼 수 있습니다.

사탄의 유혹은 항상 우리 눈에 보기 좋은 것들을 따르도록 합니다. 창세기에 보면 최초의 인류가 죄를 범하는 선악과 사건이 나옵니다. 사탄의 유혹을 받은 하와는 선악과가 '먹음직스럽고 보기에 지혜롭게 할 만큼 탐스럽게 생겼다'고 말합니다. 선악과를 보는 순간, 하와에게 중요한 것은 진리이신 하나님의 말씀을 따르는 것보다 나에게 어떻게 보이는가, 자신의 생각이 더 중요했습니다. 판단의 기준이 하나님께 있는 것이 아니라 자신에게 있었던 것입니다.

여호수아 7장에 나오는 아간의 선택도 이와 동일했습니다. 오랜 기간 광야생활만 한 이스라엘 백성들에게 여리고 성에서 보게 된 수많은 물건들은 무척 좋아 보였을 것입니다. 아간은 진리이신 하나님의 말씀을 따르는 대신, 그중 보기에 좋아 보이는 것을 몰래 숨겼습니다. 이처럼 보기에 좋아 보이는 것을 따른 사람들이 있습니다. 하지만 진리를 버린 이 사람들의 결과는 어떻게 되었습니까? 아담과 하와는 낙원에서 쫓겨났습니다. 아간과 가족들은 모두 몰살당했습니다.

비전에 대해서 이야기합니다. 비전이란 무엇입니까? 비전의 가장 중요한 핵심은 내가 보기에 좋아 보이는 것에 흔들리지 않는 것입니다. 그리고 올바른 진리이신 하나님의 뜻과 가치를 따라가는 것입니다. 하나님의 뜻을 따르지 않고 내가 더 잘 살 수 있을 것 같고, 이것을 선택하면 남들이 나를 더 좋은 사람으로 볼 수 있을 것 같고, 이것을 선택하면 내 주변 사람들이 더 행복할 수 있을 것만 같은 것을 선택하는 사람은 결코 비전의 길을 가지 못합니다.

몇 해 전 거창고등학교와 관련된 신문기사를 본 적이 있습니다. "세상의 욕심과 거꾸로 살라는 학교, 그런데 명문대 진학률은 높네요"가 그 기사의 제목이었습니다. 거창고등학교는 "기독교 정신에 입각해 사회에 기여하는 비전을 가진 인물을 기른다"를 목표로 세워진 학교입니다. 초대 설립자가 제시한 '직업 선택의 10계명'은 다음과 같습니다.

제1계명 : 월급이 적은 쪽을 택하라.

제2계명 : 내가 원하는 곳이 아니라 나를 필요로 하는 곳을 택하라.

제3계명 : 승진의 기회가 거의 없는 곳을 택하라.

제4계명 : 모든 것이 갖추어진 곳을 피하고 처음부터 시작해야 하는 황무지를 택하라.

제5계명 : 앞을 다투어 모여 드는 곳은 절대 가지 마라. 아무도 가지 않는 곳으로 가라.

제6계명 : 장래성이 전혀 없다고 생각되는 곳으로 가라.

제7계명 : 사회적 존경 같은 건 바랄 수 없는 곳으로 가라.

제8계명 : 한가운데가 아니라 가장자리로 가라.

제9계명 : 부모나 아내나 약혼자가 결사반대를 하는 곳이면 틀림없다. 의심치 말고 가라.

제10계명 : 왕관이 아니라 단두대가 있는 곳으로 가라.

현실적으로 불가능해 보이는 계명들이어서 단지 수사적인 구호에 지나지 않는 게 아닐까 생각하는 사람들이 많을 것입니다. 하지만 이 학교를 졸업한 학생들을 찾아가 인터뷰해 보니, 상당수의 졸업생들이 이 계명을 기억하면서 내가 혹시라도 잘못된 길을 가고자 하려는 순간, 과도한 탐욕에 눈이 어두워지려고 하는 순간, 이 계명이 그들의 머리에서 마치 '브레이크' 같은 역할을 한다고 했습니다.

이러한 '브레이크' 같은 말씀이 우리 삶에 있기를 바랍니다. 15절의 말씀 "세상 것이 좋아 보일지라도, 예수님을 믿지 않는 사람들의 삶이 좋아 보일지라도, 나와 내 집은 예수만을 섬기겠다"고 한 여호수아의 고백과 다짐이 우리 삶에서 이루어지기를 소망합니다. 그것이 바로 참된 비전의 길이며, 비전으로 나아가는 사람들의 삶의 모습입니다.

Vision

Onnuri Community Church, Incheon, Pastor. Kyung Nam, Suh

14 Now fear the LORD and serve him with all faithfulness. Throw away the gods your forefathers worshiped beyond the River and in Egypt, and serve the LORD. 15 But if serving the LORD seems undesirable to you, then choose for yourselves this day whom you will serve, whether the gods your forefathers served beyond the River, or the gods of the Amorites, in whose land you are living. But as for me and my household, we will serve the LORD (Joshua 24:14-15)

There used to be a slogan from a home appliance advertisement that said, "A moment's choice decides the next ten years." Because home appliances can be used up to ten years after being purchased, the slogan suggests the importance of making a careful decision.

However, making a careful decision does not only apply to choosing home appliances. There are moments in our lives when we have to decide on big and small important decisions. We even have to decide what to eat for lunch; whether to have Tteokbokggi or Odeng. But these moments of big and small decisions come together to decide our lives.

Have you made important decisions in your lives? What was the standard that greatly influenced you when making such decision? Today's Bible verse is about the moments when the Israelites had to make important decisions.

Joshua, who lived his entire life as God's man, gathers the Israelites in Sechem during the last days of his life. The last words that Joshua wished to say was as following. "Choose whether to serve the LORD or the gods of the gentiles. For me and my household, we will serve the LORD." I pray that what Joshua proclaimed will be with all of you today.

One thing we should pay attention here is an important point made in Joshua's proclamation. From the proclamation "Choose whether to serve the LORD or the gods of the gentiles," we could infer that there still were Israelites who served the gentile gods. If all the Israelites were sincerely serving the LORD, then Joshua would have talked about their sincere faith instead of their choice of whom they will serve.

Who were the Israelites at that time? They were people who directly experienced God's special guidance. They weren't the ones who just heard about the experience with God through their ancestors. They heard about God who rescued their grandfather and father from Egypt. They were the ones who directly experienced God who enabled them to conquer Canaan, which seemed impossible to conquer. Nonetheless the Israelites were not truly serving God. If we think from God's perspective, the Israelites were very stubborn people.

However one more thing to consider is that we are no different from the Israelites either. Although we experience special grace during Sunday services, retreats, and assemblies, our lives don't reflect our complete reliance on God. In fact, don't we forget about God most of the time in our daily lives? I heard from a middle school student that his greatest challenge was to pray for the meal in school cafeteria. At least this student had that anxiety about praying, but aren't there so many students who feel embarrassed to even say they go to church?

Today at this moment, I hope that what Joshua shouted at the Israelites will be the sincere confession of our faith. Then what is the reason to why Israelites were not able to sincerely serve God? If we look at verse 15, we could know, in the strict sense, that to Israel people it looked better to serve the gentile gods than to serve the LORD. For Israelites it was not important to discern the truth and the right path, and to live one's life according to those two. Rather we could see that they wanted to live based on what seemed better for them and what looked like a good life for them.

Satan seduces us to follow what seems favorable to our eyes. In Genesis, there is the fruit of the Tree of Knowledge incident that marks as a beginning of humanity's sin. Eve, who was tempted by Satan, said, "the fruit of the tree was good for food and pleasing to the eye, and also desirable for gaining wisdom." The moment Eve saw the Fruit, she valued her own thoughts on the Fruit rather than following God's Word of Truth. This means that the standard of her decision was not on God but on herself.

Achan's decision that appears in Joshua chapter 7 is also similar to that of Eve's. It's very likely that the goods brought from Jericho seemed very pleasing to the eyes of the Israelites who had lived in the wilderness for long time. Achan, too, instead of following God's words, chose to hide the goods that seemed pleasing to him. There are people who followed what looked good to them. But what were the consequences of those who have forsaken the truth? Adam and Eve were moved out from the Garden of Eden and Achan and his families had to be killed.

I am talking about Vision. What is Vision? The most crucial point of vision is not being shaken by what seems pleasing to the eyes. Also, following the value and the will of God, who is righteous and true, is vision. When we don't follow God's will, but rely on ourselves and consider more on what others think about us, we won't be able to walk the path of the vision.

Several years ago, I read a news article about GeoChang Highschool. "GeoChang, a school that encourages life against the worldly desires. Interestingly, it has high acceptance rate to prestigious universities." This was Chungang Ilbo's article passage on GeoChang Highschool. The Highschool was established to "To raise a person with vision that contributes to society based on the Christian spirit." What this school is famous for is the "10 commandments for choosing a job," that has been made by the very first founder of the school.

The First Commandment: Choose a place with low salary.

The Second Commandment: Choose a place that needs me, not where I want to go.

The Third Commandment: Choose where there's barely any chance of promotion.

The Fourth Commandment: Choose where you have to start everything, not where everything is ready for you.

The Fifth Commandment: Do not go to a place where everyone wants to go, but to a place where no one wants to go.

The Sixth Commandment: Go to a place where you think there's absolutely no prospect.

The Seventh Commandment: Go to a place where you can't even think about gaining social respect.

The Eigth Commandment: Go to the very edge of the place, not the center.

The Ninth Commandment: Go without doubt to places where your parents, your wife, your fiancée object to.

The Tenth Commandment: Go to where the guillotine is waiting, not the crown.

Most of the commandments seem to be impossible in reality, so many people regard it as just a rhetorical slogan. However, when I interviewed the alumni of the school who entered society, many of them remembered the "Ten Commandments" and professed that it played the role of a "brake" when they wanted to go the wrong way and got blinded by excessive greed.

I hope that the Word of God which acts like that "brake," will be in our lives. Just like it is said in verse 15, "Although the worldly things may seem good, and that the life of unbelievers may seem satisfying, my household and I will serve Jesus only!" we have to hope that such confession will be fulfilled in our lives. That is the path of true vision, and the life of the people who pursue that vision.

异象

大地教会, 仁川, 徐敬南 牧师

现在你们要敬畏耶和华，诚心实意地事奉他，将你们列祖在大河那
边和在埃及所事奉的神除掉，去事奉耶和华.若是你们以事奉耶和华
为不好，今日就可以选择所要事奉的：是你们列祖在大河那边所事
奉的神呢？是你们所住这地的亚摩利人的神呢？至于我和我家，我
们必定事奉耶和华(书 24:14-15)

以前有一个家电制品广告牌上写到：'瞬间的决定可以左右10年'。
意即，一般日用家电产品买过之后至少要使用10年左右；所以，在购买
的时候需要慎重选择的。实际上，在我们人生里不仅是购买家电时需要
选择，也经常会面临各样大大小小的选择。甚至于，午饭选择吃什么，
是吃荤还是吃素，也都需要选择。实际上正是这大大小小的瞬间，就决
定了我们的人生。

诸位是否面临过重大决定的时候呢?决定的瞬间，决定和影响你作出
最大的标准是什么呢？

本文话语记录的正是以色列百姓面临重大决定的那一瞬间。一生都为
神而活的约书亚，在人生最后的瞬间里将以色列百姓都聚集在了示剑
地。他在最后瞬间里所留下的话就是："你们要选择事奉神还是事奉外
邦人的神。至于我和我的家，必要事奉神!"。奉主的名祝愿约书亚这
般的宣告能够成为诸位的宣告！

我们在这里需要注意的是：约书亚的宣告里所蕴含的一个重要事实——

"今日就可以选择所要事奉的：是你们列祖在大河那边所事奉的神呢？还是你们所住这地的亚摩利人的神呢？"这样的宣告，说明在以色列百姓中还有事奉外邦神的人。因为，他们若是都在很好的事奉神，约书亚就没必要提出选择的问题了。

当时的以色列百姓们都是怎样的人呢？他们都是直接经历了神特别引导的人。他们不是听着很久以前的先祖们所经历的神，而是听着救赎自己的爷爷和父亲出埃及的这位神的故事而长大的人。他们直接经历的是带领他们征服了看似不可能的迦南地的这位神。尽管如此，他们现在却仍旧没有完全在事奉神。若在神的立场来想，以色列百姓确实是非常顽梗的。 但今天我们要思想的是，我们的样子有很多的时候同以色列百姓是一样的。我们在修炼会上，在敬拜时间里，在聚会时间里明明经历着神特殊的恩典，但回想日常生活当中诸般的瞬间时，就会发现有很多时候并没有完全仰赖神。实际上，在太多的瞬间里都是忘记了神。有一次听到一位中学生说，他生活中最大的苦恼就是在学校供餐时的谢饭祷告。不管怎样，这位小朋友至少还有苦恼，但有多少学生朋友却羞愧于在学校承认自己往来于教会呢？

今天，在这一瞬间里祝愿约书亚向以色列百姓呼出的呼喊，能够成为你我真实的信仰告白！

那么，以色列百姓没能够完全事奉神的理由是什么呢？从本文的15节话语来看，在他们看来事奉外邦神似乎更好过事奉神。因为，在他们眼里更看好外邦神。以色列百姓没有分别什么是真理，什么是正路，没有活出随从真理与正路的生活。他们随从的是自己的眼见，选择的是自己看来更好的生活。

我们要知道，撒旦的诱惑往往会来自于我们眼中所拣选的、看为好的。创世纪里记录了引诱人类始祖犯罪的善恶果事件。经上记着说，受到撒旦诱惑的夏娃，再看善恶果时，"见那棵树的果子好作食物，也悦人的眼目，且是可喜爱的，能使人有智慧，就摘下果子来吃了；又给她丈夫，她丈夫也吃了"。夏娃看到善恶果的瞬间，对她来说重要的不是随从真理之神的话语，而是在她眼里看为怎样，她自己的想法。即判断的标准不是在神那里而是在自己这里。

约书亚记7章中，亚干的选择亦是如此。对于经过了长久旷野生活的人们而言，在他们眼里耶利哥城中的许多东西一定会很好看。于是，亚干就随从了自己的眼见而没随从真理之神的话语，私藏了他看为好的东西。

就像如此，有很多人随从自己的眼见而选择了自己看为好的。但是，丢弃了真理之人的结果怎样呢? 亚当夏娃被逐出了乐园，亚干与家族被剪除了。

说一下蓝图。蓝图是什么呢? 蓝图最为重要的核心就是不为自己看为好的所动。蓝图就是随从真理之神的旨意与价值。不随从神的旨意，而选择在自己看来能够活的更好，能够博得众人的赞同，能够为周边人带来幸福的这般人，是断不能行在蓝图之路的。

几年前，看过关于居昌高中的新闻报导。那是题目为"提倡与世界贪心唱反调的学校，升学率却很高" 的中央日报新闻。居昌高中乃是本着"立足于基督教精神，培养出具有对社会作出贡献之蓝图的人物"这般的目标而建立的学校。该校最为有名的是，初期创立者所定的"职业选择的十诫命"。

第1诫命: 选择月薪少的地方。

第2诫命: 选择不是自己所愿的地方，而是需要自己的地方。

第3诫命：选择几乎没有晋升机会的地方。

第4诫命：避开具备一切的地方，选择需要从头开始的荒地。

第5诫命：避开人们争相去的地方，选择没人去的地方。

第6诫命：前往被认为根本没有前途的地方去。

第7诫命：前往不可能受到社会尊敬的地方去。

第8诫命：不是前往中心地方而是前往边缘地方。

第9诫命：若是父母，对象坚决反对的地方就不会错，就不要疑惑而前往。

第10诫命：前往的不是有王冠的地方，而是有断头台的地方。

因为这些诫命，看起来大部分都是不现实的，所以有很多人都认为这不过是出于作秀的口号而已。但是，后来通过采访进入社会的毕业生，却发现大多数的毕业生都在铭记母校诫命，并且还说这些诫命往往会在关键的时候，例如，在要走错路的那瞬间；被过度的贪欲蒙蔽双眼的那一瞬间等等，就会起到制动器的作用而能够及时刹住错误的脚步。

祝愿，这般制动器一般的话语，也能够存在于我们的生活里。祝愿，"即便是世上的一切都看为好的，即便是不信耶稣之人的生活看为更好的，我与我家也要单单事奉耶稣！"这样的告白与决志，能够成就在我们的生活中。这才是真正的蓝图之路，才是真正的前往蓝图之人的生活样式。

주인공으로 만들어 드립니다

인천온누리교회 서경남 목사

1 다윗이 사울에게 말하기를 마치매 요나단의 마음이 다윗의 마음과 하나가 되어 요나단이 그를 자기 생명같이 사랑하니라 2 그날에 사울은 다윗을 머무르게 하고 그의 아버지의 집으로 다시 돌아가기를 허락하지 아니하였고 3 요나단은 다윗을 자기 생명같이 사랑하여 더불어 언약을 맺었으며 4 요나단이 자기가 입었던 겉옷을 벗어 다윗에게 주었고 자기의 군복과 칼과 활과 띠도 그리하였더라(삼상 18:1-4)

중학교 3학년 친구들과 함께 1박 2일 수련회를 다녀온 적이 있습니다. 20여 명의 학생들과 선생님들이 함께 갔는데 저는 다른 일정이 있어서 혼자 밤늦게 합류하게 되었습니다. 그날 밤 미안한 마음에 학생들 한 명 한 명을 불러 세족식과 기도를 해 주었습니다. 그중 한 친구의 기도 제목이 기억 납니다. 기도 제목을 물었더니 "키가 한 20센티만 컸으면 좋겠다"고 했습니다. 저는 속으로 '그래, 중학생이니까 키가 크고 싶은 게 중요한 기도 제목이겠지' 하고 생각하며 또 다른 기도 제목이 있냐고 물었습니다. 그랬더니 이번에는 "눈이 좀 예뻐졌으면 좋겠는데 전지현 같은 눈이었으면 좋겠다"고 했습니다. 당시 드라마 〈별에서 온 그대〉가 선풍적인 인기를 끌고 있었던 터라 김수현과 같은 남자배우를 만나는 게 꿈이라고 했습니다. 그래서 저는 그날 그 친구를 위해 전지현과 같은 키와 눈이 되도록 기도해 주었습니다.

오늘날 우리 사회는 외모를 중시합니다. 비단 외모뿐만 아니라 스펙, 즉 화려한 조건을 중시합니다. 그런데 외모와 조건을 보고 사람을 평가하고 판단하는 사회가 된다면, 심지어 그것만 중요한 사회가 된다면, 정말 비극이겠다는 생각이 듭니다.

요나단과 다윗의 우정

사무엘상 18장 1-4절에서 우리는 조건과 상관없이 서로를 진심으로 사랑하고 아낀 두 사람을 만나게 됩니다. 바로 다윗과 요나단입니다. 성경의 인물 중 '우정' 하면 이 두 사람을 떠올릴 만큼 다윗과 요나단의 우정은 유명합니다.

그런데 사실 두 사람이 자라난 환경을 보면 어떻게 친구가 되었고 어떻게 그렇게 깊은 우정을 나누게 되었는지 의아하기만 합니다. 당시로선 도무지 어울리지 않은 사람들이었기 때문입니다.

우선 요나단은 당시 이스라엘의 왕 사울의 아들입니다. 더구나 장자로서 아버지의 뒤를 이어 왕이 될 왕자였습니다. 게다가 그는 단순히 신분만 높았던 게 아니라 전쟁을 승리로 이끈 용맹한 장수였습니다. 요나단은 이처럼 수많은 사람들의 존경과 사랑을 받는 사람이었습니다. 반면에, 다윗은 요나단과는 비교할 수 없는 미천한 신분의 사람이었습니다. 다윗은 베들레헴에서 양을 치는 사람이었습니다. 당시 이스라엘에서 양치는 사람은 평민 중에서도 신분이 낮은 사람이었다고 합니다. 게다가 그는 가족으로부터도 존중받지 못하는 막내였습니다. 사무엘상 16장을 보면, 모든 가족이 모여 제사를 드리는 장소에 다윗이 없음에도 불구하고 그의 아버지는 전혀 상관하지 않고 그냥 제사를 드리려고 합니다. 한마디로 말하면 다윗은 가족에게나, 이스라엘 사람들에게나 '그림자'와 같은, 있으나 마나 한 존재였던 것입니다.

한 사람은 전 국민이 다 알고 사랑하는 왕자였고, 또 한 사람은 천한 양치기였습니다. 그런데 이 두 사람은 지금까지 우정의 대명사로 불립니다. 더 좋은 환경이라고 그렇지 못한 사람을 무시하지도 않았고, 부족한 환경이라고 열등감에 빠지지 않았습니다. 이 두 사람이 서로를 알아보고 우정을 나눈 비결은 하나님께서 주신 가치를 붙잡고 집중한 데 있습니다. 겉으로 드러난 조건에 집중하지 않고 그 마음 가운데 있는 하나님의 가치에 집중했기에 두 사람은 위대한 우정을 나눌 수 있었던 것입니다.

우리는 흔히 누군가의 부족을 발견하면 크게 두 가지 반응을 보입니다. 하나는, 그 부족을 빌미로 그를 무시하거나 우월감을 느끼는 것입니다. 그 이유는 그 사람과 나를 비교하기 때문입니다. 그와 나 사이에 서열을 매기며 상대보다 내가 낫다고 스스로 우월감을 느끼는 것입니다. 다른 하나는, 그 사람의 부족을 채워 주고 싶어 하는 것입니다. 다윗에 대한 요나단의 반응이 그랬습니다.

요나단은 다윗이 보잘것없고 가진 것 없는 양치기 출신이란 걸 알았습니다. 그러나 요나단은 그때부터 다윗의 부족한 부분을 채워 주기 시작했습니다. 누추한 옷을 입고 있는 다윗을 위해 자신의 겉옷을 주고, 자신이 가진 왕자의 군복과 칼과 활, 그리고 허리띠까지 주었습니다.

> 요나단이 자기가 입었던 겉옷을 벗어 다윗에게 주었고 자기의 군복과 칼과 활과 띠도 그리하였더라(삼상 18:4)

요나단처럼 다른 사람의 부족을 채워 주고자 하는 마음을 사무엘상 18장 1절은 '사랑'이라고 말하고 있습니다. 요나단이 다윗을 "자기 생명같이 사랑"했다고 말하고 있습니다. 요나단에게는 이런 사랑의 마음이 있었던 것입니다. 내가 누군가를 진심으로 사랑하느냐 사랑하지 않느냐를 알 수 있는 것은, 그 사람의 부족을 보았을 때, 진심으로 채워 주고 싶은 마음이 생기느냐 생기지 않느냐를 보면 알 수 있습니다. 내게 무슨 이득이 있어서가 아니라 단지 그가 잘되기를 바라는 마음 때문에 그의 부족을 채워 준다면, 그것이 바로 진정한 사랑입니다.

하나님이 주목하는 주인공

몇 해 전 추석 때, 저는 고향에 계신 부모님과 함께 시간을 보내면서 〈써니〉라는 영화를 한 번 더 보게 되었습니다. 영화 〈써니〉의 줄거리는 대략 이렇습니다. 사업으로 성공한 한 독신 여성이 시한부 인생을 삽니다. 그 여인의 마지막 소원은 자신이 가장 사랑했던 6명의 고등학교 친구들을 다시 찾는 것이었습니다. 25년이란 세월이 지난 뒤 만난 친구들은, 하나같이 학창 시절 꿈꿨던 삶과는 거리가 멀었습니다. 화가가 꿈이던 친구는 평범한 가정주부로 살고 있었고, 미스코리아가 꿈이던 친구는 사채로 인해 집이 망하게 되자 약물중독자가 되었습니다. 보험설계사인 한 친구는 매년 실적이 꼴등이었고, 또 한 친구는 시어머니 등쌀에 꿈도 희망도 잃고 힘겹게 살고 있었습니다.

이들이 결국 죽음을 맞은 친구의 장례식장에 모였습니다. 그리고 그 자리에서 죽은 친구가 자신들에게 전 재산을 유산으로 남겨 주었음을 알게 됩니다. 약물중독에 빠진 친구에게는 재활치료 비용과 함께 딸과 함께 살 수 있는 집을 선물해 주었고, 보험설계사인 친구에게는 보험 왕에 등극하도록 해 주었으며, 시어머니 등쌀에 힘겹게 살아가던 친구에게는 꿈을 이룰 수 있는 직장을 마련해 주었습니다. 죽은 친구가 사랑하는 친구들에게 주고자 한 유산은 단순히 돈이 아니라 그들이 잃어버리고도 잃어버린 줄 모르고 살던 삶의 의미와 목적을 선물해 준 것이었습니다.

이 영화를 보면서 저는 예수 그리스도의 사랑을 생각했습니다. 우리는 모두 죽을 수밖에 없는 죄인이었습니다. 하지만 예수님은 그런 우리를 살리기 위해 십자가에 달려 돌아가셨습니다. 아무런 대가도 없이 우리에게 생명을 내어 주신 것입니다. 그것은 바로 예수님이 우리를 사랑하셨기 때문입니다. 우리의 결핍을 보고, 우리의 부족을 보고 단지 채워 주고자 예수님은 당신의 목숨을 주셨습니다. 이보다 더 큰 사랑은 없습니다.

그러므로 만나는 모든 사람들의 겉모습을 보지 말고 그 안에 심겨진 하나님의 가치를 보고 섬기게 되기를 바랍니다. 혹시 누군가 부족한 모습을 보인다면, 실수를 한다면, 그것으로 그를 판단하거나 비교하지 말고, 그의 부족을 채워 주십시오. 그 사랑은 예수님으로부터 받은 사랑이 아니고는 불가능합니다.

진정한 우정의 대명사가 된 다윗과 요나단. 그런데 우리는 흔히 다윗이 워낙 유명한 인물이니까 이 두 사람의 우정에서도 주인공은 다윗이라고 생각합니다. 하지만 성경은 그렇게 말하고 있지 않습니다.

요나단은 다윗을 자기 생명같이 사랑하여(삼상 18:3)

성경 기자는 요나단을 아름다운 우정의 주인공으로 가리키고 있습니다. 이처럼 하나님은 다른 사람을 사랑하는 마음으로 자신의 것을 포기할 줄 아는 사람, 다른 사람의 부족을 채워 주는 사람을 진정한 주인공으로 여기십니다. 누군가의 부족함을 채워 주고 다른 사람의 연약함을 대신하면 내가 손해 보는 것 같지만, 하나님은 그 사람이야말로 진정한 주인공이라고 말씀하십니다.

세상은 겉으로 드러난 화려함을 주목합니다. 주인공으로 집중 조명합니다. 모두가 그 화려함을 손에 쥐어 주인공이 되고자 좇고 또 좇습니다. 그러나 하나님은 화려함이나 아름다움에는 관심이 없으십니다. 나보다 부족한 사람을 살피고 나보다 연약한 사람을 위해 희생하고 사랑으로 채워 줄 줄 아는 한 사람을 주목하십니다. 그리고 그 사람을 주인공으로 세워 주십니다. 우리 모두 세상의 주인공이 아니라 하나님의 주인공이 되기를 소망합니다.

chapter 04

송도주사랑교회
장상길 목사

송도주사랑교회를 소개합니다

"내게 능력 주시는 자 안에서 내가 모든 것을 할 수 있느니라"(빌 4:13).

송도주사랑교회는 당신에게 참된 쉼과 꿈을 드립니다. 하나님과 만나는 사닥다리를 갖게 하고, 광야에서 지치지 않는 힘을 공급하며, 물 댄 동산같이 넉넉하게, 세파에도 흔들리지 않게, 하나님의 사람으로 만드는 것이 송도주사랑교회의 비전입니다.

장상길 목사 인사말

하나님께서는 이 세상 천지만물을 지으시고 우리에게 마음껏 누리며 기뻐하게 하셨습니다. 우리의 심령과 가정이 가장 좋은 것으로 누릴 수 있도록 도우시는 성령의 역사가 충만한 저희 주사랑교회로 초대합니다.

주사랑교회는, 꿈과 사랑이 있는, 성령이 일하는 만남의 공동체입니다. 영혼을 깨우는 찬양과 하늘 문을 여는 기도, 살아 움직이는 말씀으로 기쁨과 감동의 예배를 드림으로 영성이 회복되는 교회입니다. 성도들의 가정을 푸른 초장과 쉴 만한 물가로 인도하여 에덴동산의 풍요를 회복하도록 하고, 성령의 기름 부음으로 다음 세대의 영적 리더를 양육하는 데 최선을 다하고 있습니다. 또한 "땅 끝까지 내 증인이 되라" 하신 말씀에 적극적으로 순종하여 국내외 전파 설교와 선교사업 지원 등 세계 열방을 향한 선교를 실천하고 있습니다.

주사랑 비전 - '내 민족을 내게 주소서'

1. 전도

인천 지역에 있는 잃어버린 영혼을 예수 그리스도께로 인도하는 교회.
예수님의 지상명령에 순종하여 영혼 구령에 전력을 다하는 교회.

2. 양육

예수 그리스도 안에서 말씀과 기도로 성장해 지역 복음화는 물론 세계
복음화를 향해 나아가는 작은 예수를 배출하는 교회.

3. 성령 세례를 통한 구별된 그리스도인

사도행전에 나타나는 성령 세례를 통해 하나님의 살아 계심을 체험함으
로 능력 있는 그리스도인으로 변화하는 교회.

4. 예수 한국, 민족 구원, 세계 복음화

한반도를 향해 품으신 하나님의 거룩한 뜻이 이루어질 수 있도록 기도
와 간구로 하나님의 사역을 돕는 교회. 한국의 각 분야에서 하나님의 영광
을 위해 쓰임 받는 인재를 양성하고 지원하는 교회. 예수 한국, 민족 구원
을 뛰어넘어 세계 복음화를 향해 달려 나가는 교회.

◆ 예배 안내

- 예배 시간 : 주일예배

  1부 오전 7:30   2부 오전 9:00

  3부 오전 11:00   4부 오후 1:30

  (주중 예배 및 부서별 예배는 홈페이지를 참고해 주세요.)

- 교회 위치 : 인천광역시 연수구 해돋이로 90

- 교회 연락처 : 032-851-9191

- 홈페이지 : http://ju-sarang.com

미래적 현실을 현찰로 삼으라

송도주사랑교회 장상길 목사

내게 능력 주시는 자 안에서 내가 모든 것을 할 수 있느니라 (빌 4:13)

잿빛 유년기를 밝힌 빛

어느 날 아내가 저에게 '겸손'이 무엇이냐고 물었습니다. 겸손, 수없이 사용하는 단어이지만 쉽게 개념을 정의하기가 어려웠습니다. 아내가 말했습니다. "겸손은 내 안에는, 내 힘으로는 하나님을 기쁘게 할 아무 선한 것이 없다는 것을 아는 것이에요." 문득 깨달음이 왔습니다. 인생을 의미 있게 보내기 위해 분투 노력하지만 스스로 하나님을 기쁘시게 할 수 있는 어떤 선한 것도 없는 존재가 바로 인간입니다. 한계를 지닌 인간이 하나님의 도우심이 없으면 결코 살 수 없다는 철저한 깨달음을 갖는 것이 바로 겸손입니다.

참다운 겸손 속에서 은혜를 체험할 수 있습니다. 전적으로 무능하고 무익한 존재를 들어 써 주시는 하나님을 생각하면 은혜라는 단어를 사용하지 않을 수 없습니다. 겸손과 은혜, 이것이 제 인생의 첫 번째 키워드입니다. 고백하건대 저는 주님의 은혜 없이는 살 수 없는 사람입니다. 철저하게 가진 것 없고, 무엇 하나 취할 것 없는 모습이었지만 하나님의 은혜는 무익한 저를 지금의 제가 되게 만들었습니다. 바로 바울의 고백처럼 나의 나 된 것은 주님의 은혜입니다.

제 인생은 회색빛으로 시작되었습니다. 저의 의도와는 상관없이 시작된 인생이지만, 유년기의 저는 가난했고 볼품없었습니다. 선한 것이 도저히

나올 수 없는 환경이었습니다. 유년기의 빛깔은 청소년기와 청년기에도 변하지 않았습니다. 가난은 항상 따라다녔고 어려움은 중첩됐습니다. 성공과 행복의 파랑새는 잡히지 않았습니다. 그러나 비록 제 인생의 유년기와 청소년기, 청년기의 빛깔은 회색이었으나 그것은 외적인 현상일 뿐이었습니다.

어둡고 혼탁한 환경이었지만 저의 내면은 항상 환하게 빛났습니다. 제 환경을 뛰어넘어 저를 빛나게 한 것은 바로 주님이었습니다. 말씀이었습니다. 주님의 빛이 제게 비추면서 저는 환경을 초월하는 힘을 갖게 되었습니다. 삶은 언제나 어려웠지만 제 안에서는 찬송이 흘러나왔습니다. "내가 가는 길을 그가 아시나니 그가 나를 단련하신 후에는 내가 순금같이 되어 나오리라"는 욥기 23장 10절은 저의 인생을 조명해 주는 말씀이었습니다. 주님의 은혜의 용광로 속에서 회색빛 인생은 황금빛으로 바뀌었습니다. 내면뿐 아니라 외적인 조건들도 바뀌었습니다. 가난했던 소년은 목회자가 되었고 지금 한국에서 가장 역동적인 인천 송도 신도시 내에 자랑스럽게 서 있는 주사랑교회를 담임하고 있습니다. 주님의 은혜였습니다. 재 대신 화관을, 슬픔 대신 기쁨을 주시는 하나님의 은혜였습니다.

전남 고흥군 도덕면 가야리에 가상부락이라는 마을이 있습니다. 제가 태어난 고향입니다. 이곳은 장씨 성을 가진 사람들이 모여 사는 일종의 씨족 마을입니다. 100호 남짓 되는 크지 않은 마을입니다. 저는 찢어지게 가난하다는 것이 어떤 말인지를 알고 있습니다. 물론 이 땅을 사는 40대 이상은 누구나 유년기 추억 속에 가난이라는 단어가 들어 있을 것입니다. 저희 집은 가상부락에서도 네 번째로 못 살았습니다. 가난은 제 친구였습니다. 지긋지긋한 가난을 긴 세월 동안 떨쳐버릴 수 없었습니다. 아버지는 여덟 마지기의 밭을 경작하셨지만 제가 초등학교 4학년 때 돌아가셨습니다.

4남 1녀 중 막내였던 장상길의 인생 조건은 황폐였습니다. 내세울 것이 하나도 없었습니다. 그러나 이런 저에게도 하나님은 어김없이 은혜의 손길을 내어 주셨습니다.

일곱 살 때 나간 교회에서 삶이 바뀌다

제 인생의 전환은 일곱 살 때 이뤄졌습니다. 어린 저에게 복음 되신 예수님이 찾아오심으로 인생의 BC와 AD가 나뉘었습니다. 아직 아무것도 알지 못하던 그 시기에 저는 저희 집안에서 처음으로 교회에 나갔습니다. 우리 마을은 불교와 유교가 혼재된 부락이었습니다. 우리 집 역시 전통적인 집안으로 하나님과는 거리가 멀었습니다. 그런데 마을에서 가장 가난한 집이 처음으로 복음을 받아들였습니다. 우리는 그 집을 '길가네 집'이라고 불렀습니다.

송자 할머니라는 분과 그 딸이 전도되어 교회에 나갔습니다. 그분들이 교회에 가면서 저를 불렀습니다. "상길아, 교회 가자." 그 소리는 제 인생에 역사하신 하나님의 부르심이었습니다. 물론 당시 우리 마을에는 교회가 없었습니다. 이웃 마을 보리밭 위에 천막교회가 있었습니다. 교인이라고 해 봤자 8명에서 12명에 불과했던 미니교회였습니다. 젊은 전도사님이 사역하고 계셨습니다. 저는 매주 영문도 모르고 전도사님의 손에 끌려갔습니다. 그렇게 저는 우리 가족의 첫 번째 아브라함이 되었습니다.

복음의 은혜를 입고 어린 시절부터 교회와 더불어 살았습니다. 교회에서 제가 가장 즐겁게 한 일이 바로 종을 치는 것이었습니다. 새벽기도회나 금요철야기도회에 가서 나무로 된 종을 치는 일이 너무나 재미있었습니다. 종 치는 것을 다른 사람에게 빼앗기고 싶지 않았습니다. 그 종은 마을의 시계와도 같았습니다. 우리 집에서 교회까지는 걸어서 40분 정도 걸렸습니다. 터벅터벅 걸어가면서 찬송을 불렀습니다. 찬송을 부르는 것은 큰 기쁨 가운데 하나였습니다. 철야기도회에도 적극적으로 참여했습니다. 기도에 대해서 아는 것이 없었지만 하나님께 부르짖었습니다. "너는 내게 부르짖으라 내가 네게 응답하겠고 네가 알지 못하는 크고 은밀한 일을 네게 보이리라"는 예레미야 33장 3절 말씀처럼 부르짖고 또 부르짖었습니다.

울면서 기도하다 보면 새벽 4시나 4시 반이 됐습니다. 집으로 걸어오다 보면 동이 텄습니다. 어두운 밤에 한 줄기 빛이 드리워지고 태양이 떠올라 환하게 되는 것은 경이로운 모습이었습니다. 걸어가면서 기도했습니다. "하나님, 제 인생의 빛이 돼 주세요. 하나님, 저를 불쌍히 여겨 주세요." 주일이 되면 나는 동네를 한 바퀴 돌았습니다. "헌두야, 성태야 교회 가자. 교회 가면 맛있는 밥을 먹을 수 있어. 빨리 가자." 너무 가난했던 우리 마을 친구들은 교회에 가서 밥을 제대로 먹는 것이 즐거움이었습니다. 그만큼 가난했습니다.

초등학교를 졸업하고 우리 남매는 모두 서울로 올라왔습니다. 4남 1녀 중 초등학교를 마치고 온전하게 중학교에 입학한 형제는 아무도 없었습니다. 모두가 돈을 벌고자 서울로 가지 않을 수 없었습니다. 당시 우리 마을에서 21명의 초등학교 동창생 중 7명은 가난해서 중학교에 가지 못했습니다.

열네 살에 저는 서울로 왔습니다. 숭인동과 신설동 사이의 청계천 8가 뒷골목에서 생활했습니다. 큰집 누님이 청기와집이라는 곳에서 마담으로 일했는데 저는 그 집에 얹혀살았습니다. 돈을 벌어야 했기에 몇 달 후 동대문구 창신동 네거리에 있던 애원목욕탕에 취직을 했습니다. 남탕의 종업원으로 일한 것입니다. "어서 옵쇼" 하면서 손님들의 표를 받고, 구두닦이며 손님 심부름 등 잡일을 했습니다. 새벽 5시부터 손님을 받기 위해 4시 40분에 일어나서 탕에 물을 채웠습니다. 손님들이 모두 나간 저녁 7시에는 탕을 깨끗하게 닦고 왁스칠을 했습니다. 기관장과 때밀이 아저씨가 퇴근한 뒤 저 혼자 목욕탕에서 이불을 덮고 잤습니다. 하루 종일 바삐 몸을 움직여야 했지만 제 손에서 떨어지지 않았던 두 가지가 있었습니다. 바로 성경과 영한사전이었습니다.

'그럼에도 불구하고'의 신앙을 인내로 쌓아 가다

저는 틈이 나는 대로 성경을 읽고 영어 단어를 외웠습니다. 읽고 또 읽었으며 외우고 또 외웠습니다. '나는 꼭 다시 학교에 들어가야 해'라면서 굳게 마음을 먹었습니다. 어머니가 보고 싶으면 일을 끝낸 후 저녁에 중앙시장을 한 바퀴 돌다가 교회에 들어가 기도했습니다. 처량한 신세를 생각하니 설움이 북받쳤습니다. "엄니, 보고 싶어요. 돈 많이 벌어서 엄니 호강시켜 드릴게요."

서울로 올라온 후 2년 동안 저는 다람쥐 쳇바퀴 돌듯 생활하며 돈을 모았습니다. 주린 배를 움켜쥐고 찬란한 미래를 그리며 현재의 고난을 참아 냈습니다. 제 안에 자리 잡은 예수 그리스도를 바라보며 제 인생의 미래를 위해 열심히 생활했습니다. 주님이 제 가슴에 잉태시킨 미래의 꿈을 그리며 노래했습니다. 어려운 상황 속에서도 찬송이 흘러나왔습니다. 참고 참다 보니 인내가 생겼습니다. 인내는 연단을 낳고 연단은 소망을 낳습니다. 그리고 그런 과정을 거쳐 인생은 정금처럼 빛이 납니다. 훗날 생각해 보니 그런 경험이 제 인생에 얼마나 플러스가 됐는지 모릅니다.

어린 나이에 인생의 많은 것을 경험했습니다. 큰집 누님이 색시들을 데리고 술을 파는 모습도 보았습니다. 인생의 종점에서 이전투구 하는 인간

들도 보았습니다. 영화 〈시네마 천국〉의 주인공 토토처럼 어린 시절을 생각하면 제 뇌리에 많은 장면들이 파노라마처럼 펼쳐집니다. 당시 제 월급은 1만 3000원 정도였습니다. 2년여 돈을 모았지만 그 돈으로는 서울에서 학교를 다닐 수 없었습니다. 1974년에 다시 고향으로 내려가 중학교에 들어갔습니다. 중학교에서 열심히 공부했고 신앙생활도 철두철미하게 했습니다. 중학생이었지만 시골 교회에서 교회학교 보조교사로 봉사했습니다. 공부하면서 농사일을 돕고 나무도 하고 남의 집 소도 키웠습니다. 지긋지긋한 가난은 쉽게 떠나가지 않았습니다. 그런 가난 속에서 저는 하나님께 부르짖었습니다. 낙타 무릎이 될 정도로 기도했습니다. 인내했습니다. 마치 노아가 주위의 모든 환경에 아랑곳하지 않고 묵묵히 방주를 만든 것처럼 저는 가난을 벗 삼아 인내의 삶을 살았습니다.

"내 인생에도 언젠가 부흥의 장대비가 쏟아질 거야. 인생의 9회 말에 하나님이 멋지게 역전시켜 주실 거야. 울며 씨를 뿌리면 기쁨으로 단을 거둘 날이 있을 거야."

저는 주문처럼 이 같은 말들을 되뇌며 하루하루를 믿음으로 쌓아 나갔습니다. 1978년 9월, 저는 다시 서울로 올라왔습니다. 어머니 혼자 농사를 짓게 하는 것이 가슴 아팠지만 시골에서 지내다가는 인생이 그대로 끝날 것 같은 위기의식을 느꼈습니다. 서울에서 저는 철저히 교회 중심의 생활을 해 나갔습니다. 화양리 향광교회라는 개척교회에 출석했습니다. '열심이 특심'이라는 생각으로 열정적으로 교회생활을 했습니다. 교회가 강남개발과 함께 강남으로 이전할 때 저도 따라갔습니다. 중학생 때는 교회 학생회 회장, 고등학생 때는 총무로 봉사했습니다. 학교에 가면 매일 1시간씩 전도했습니다. 믿음의 친구들과 함께 복도에서 복음성가를 부르기도 했습니다. 그중에 유현웅이라는 친구는 경희대 성악과를 나와 지금 미국에서 찬양사역자로 사역하고 있습니다. 도시락이 없는 친구들과 함께 나눠 먹으며 찬양했습니다. 환경은 어려웠지만 하나님을 찬양하며 그분을 전하는 삶을 살면서 제 내면에는 깊은 평안이 깃들었습니다. '그럼에도 불구하고'의 신앙을 지니게 되었습니다.

힘들지 않았던 때가 없었으나 평화로웠다

서울 생활은 치열했습니다. 저는 학비와 생활비를 벌기 위해 생선장수와 신문 배달 등 갖은 일을 해야 했습니다. 새벽 3시 반에 일어나 노량진 수산시장에서 생선을 받아 강남 AID아파트 등지에다 팔고 학교에 갔습니다. 물 좋은 생선이 어떤 것인지, 보다 많은 생선을 팔기 위해서는 어떤 자세를 가져야 하는지에 대해 체득하게 되었습니다.

또한 한 일간지 강남지사에 기거하면서 신문을 배달하기도 했습니다. 당시 한 방에 70명의 배달원이 모여 잤습니다. 새벽 4시에 신문 보급소에서 신문을 받아 압구정동 현대아파트 21동과 22동, 상가동에 배달했습니다. 당시 360부를 돌렸는데 시간이 지나면서 저는 신문 배달의 달인이 되었습니다. 숙달되다 보니 신문을 아파트 내 각 집 앞에 놓고 엘리베이터와 같은 속도로 내려올 수 있게 되었습니다. 신문 배달을 하면서 제가 깨달은 것이 있습니다. 아무리 작은 일이라도 창의적이고 적극적으로 하다 보면 그 분야의 전문가가 될 수 있다는 사실입니다. 서비스의 달인, 목회의 달인, 경영의 달인, 정치의 달인 등 각 분야의 달인이 되기 위해서는 작은 일에 충성해야 한다는 것을 그때 알았습니다.

신문 배달을 끝낸 뒤에는 인근 음식점에서 300원짜리 보리밥장국을 먹고 학교에 갔습니다. 교회가 강남에 있었기에 친구들 중 저처럼 어려운 생활을 하는 학생은 없었습니다. 대부분이 부유했습니다. 간혹 청담동과 학동, 삼성동에 사는 교회 친구들 집에 갈 때면 왠지 모르게 주눅이 들고 내 신세가 처량해지기도 했습니다. 내가 너무 불쌍해서 울기도 했고 견딜 수 없는 열등감으로 괴로워하기도 했습니다. 그럴 때마다 저는 교회에 가서 실컷 울었습니다. 울면서 찬송했습니다. '내 주를 가까이 하려 함은'을 특히 잘 불렀습니다. 찬송에는 놀라운 영적 힘이 있어서 어느새 저를 괴롭히던 열등감과 고통, 쓰라림이 저 멀리 물러나곤 했습니다. 육은 배고픔에 절어 있었지만 육적인 배고픔을 훨씬 능가하는 영의 배부름을 느끼고 감사하지 않을 수 없었습니다.

찬송을 부르고 하나님께 기도했습니다. 제 기도는 늘 같았습니다. "하나님, 상길이도 한번 축복해 주세요. 하나님, 언젠가는 저를 크게 축복해 주실 거죠? 주님 사랑해요. 주님 사랑해요." 울고 찬송하고 기도하고, 그 은혜에 북받쳐서 또 울었습니다. 하도 부르다 보니 찬송가를 모두 외우다시피 했습니다. 저의 학창 시절은 이렇게 찬송 부르며 영이 시원해지는 경험으로 부유해졌습니다.

저는 요즘 사람들이 잘 부르지 않는 창가(唱歌)형 찬송가도 많이 부릅니다. 사람들은 제게 "아니, 어디서 그런 찬송가를 배우셨어요?"라고 묻습니다. 솔직히 저에게는 음악적인 감각이 없습니다. 악보도 제대로 보지 못합니다. 정식으로 음악을 공부했다면 좋았을 거라는 생각이 들 때가 많습니다. 그러나 저는 제 영의 상태에 따라, 영의 감각으로 찬양을 합니다. 영적인 찬양을 드리다 보면 찬양 가운데 성령이 임재하신다는 사실을 깨닫습니다. 단언하건대 그 희열은 그 어떤 것과도 바꿀 수 없습니다.

돌이켜 보면 삶은 언제나 힘들었습니다. 경제적으로 어려울 때뿐만 아니라 상대적으로 부유할 때도 어려움은 여지없이 찾아왔습니다. 잡을 수 없는 것은 언제나 가까이에 있었습니다. 아이러니한 삶이었습니다. 한 가지 문제만 해결되면 만사형통할 것 같았지만 그 문제가 제거되고 나면 어느덧 새로운 문제가 저를 괴롭혔습니다. 인생은 수많은 문제를 푸는 것 같습니다. 저는 경험을 통해 어려움과 문제를 없앨 수는 없다는 걸 압니다. 대신 그 문제 속에서도 제가 주님 안에서 평안을 누릴 수 있는 묘수를 발견한다면 행복한 인생을 살 수 있다는 것을 확신합니다. 복잡한 인생사에서 영적인 묘수풀이를 하는 것이 신앙생활이 아닌가 싶습니다.

하나님은 실수하지 않으신다

드리는 삶의 기쁨을 아십니까. 받는 것보다 드리는 것이 더욱 복됩니다. 저는 이 말을 믿습니다. 나누는 삶, 드리는 삶을 통해 우리는 하나님 나라가 이 땅에 임한다는 사실을 실감합니다. 어린 시절부터 저는 드리는 삶을 살았습니다. 가진 것 없는 어려운 시절이었으나 저는 정성껏 헌금했습니다. 하나님께 바치는 삶을 살았습니다. 재물은 물론 제 인생을 바치는 훈련을 했습니다.

학창 시절 돈이 없을 때는 버스를 타는 대신 걸어 다니며 버스비를 아껴 헌금을 했습니다. 정성을 다해 드린 헌금으로 저는 누구보다 큰 은혜를 받았습니다. 토큰 살 돈으로 헌금을 준비하고 먼 길을 걸어 교회 문을 들어설 때면 제 안에서 주님의 영이 기뻐하시는 것을 느꼈습니다. 저는 자주 성도들에게 묻습니다. "우리 안의 영이 너무 기뻐서 잠 못 이룰 정도로 감격적인 헌금을 해 본 적이 있습니까?"

저는 토요일 밤이면 주일 헌금을 준비하면서 주님께 드릴 수 있다는 기쁨에 잠 못 이룬 적이 한두 번이 아니었습니다. "언젠가 하나님이 축복해 주실 거야." 기복 신앙과 같은 믿음이었지만 제가 하나님께 철저하게 의지하고 모든 것을 드리면 그분은 결코 저를 외면하지 않으실 것이라는 확신이 있었습니다. 결코 실수하시지 않는 하나님을 믿었습니다. 제가 즐겨 부르는 찬양이 있습니다. '하나님은 실수하지 않으신다네'라는 제목의 찬양입니다.

내가 걷는 이 길이 혹 굽어 도는 수가 있어도
내 심장이 울렁이고 가슴 아파도
내 마음속으로 여전히 기뻐하는 까닭은
하나님은 실수하지 않으심일세
어둔 밤 어둠이 깊어
날이 다시는 밝지 않을 것만 같아 보여도
내 신앙 부여잡고 주님께 모든 것 맡기리니
하나님을 내가 믿음일세

이 찬양과 같이 비록 현재의 삶이 어둡지만 예수님이 저의 신랑이 되어 주셔서 제 속에 새로운 기쁨을 만들어 주실 것을 믿었습니다. 그 기쁨이 제 어둠을 밀어낸다고 믿었습니다.

믿음은 바라는 것의 실상이었습니다. 보지 못하는 것들의 증거였습니다. 제 유년기와 청소년기의 어려움 속에서 저는 결코 좌절하지 않았습니다. 좌절할 일이 없었던 것은 아니나 주체이신 예수님이 제 속에 와서 만든 기쁨이 저를 좌절하지 않게 했습니다. 예수님은 제가 어떤 상황에서도 넘어지지 않고 앞으로 나아가도록 하는 원동력이었습니다. 그래서 저는 외치고 부르지 않을 수 없습니다.

"난 예수가 좋다오. 난 예수가 좋다오."

중학생 때 CCC 동계수련회에 참석했다가 기도 가운데 성령 세례를 받았습니다. 그때 하늘 문이 열리고 천사들이 내려오는 것 같은 영적 황홀경에 휩싸였습니다. 하나님께 기도했습니다. "선교사나 목사가 되어서 평생 하나님을 전하는 전도자의 삶을 살겠습니다." 그날 저는 이렇게 서원했습니다. 당시 우리 교회 목사님은 제가 열성적인 학생이라고는 생각했지만 목회자가 될 줄은 꿈에도 생각지 못했다고 했습니다.

학창 시절 저는 공부보다 성경 읽기를 더 즐겨 했습니다. 학교 일보다 교회 일을 더 좋아했습니다. 진흙과 같은 제 인생은 하나님 손바닥 위에서만 의미 있다고 생각했습니다. 그리고 그분이 저를 빚어 주실 것이라 확신했습니다. 먼저 그의 나라와 그의 의를 구하면 모든 것을 더해 주신다는 약속의 말씀을 믿었습니다. 지난 시절 수없는 믿음의 친구들을 사귀었습니다. 고등학교 3학년 때 많은 학생들이 입시 공부하느라 수련회에 가지 않았지만 저와 친구들은 수련회에 참석해 하나님 나라를 먼저 구했습니다. 되돌아보니 그때 주님께 헌신한 친구들은 지금 활짝 핀 꽃처럼 삶이 찬란합니다. 저 역시 그렇습니다. 질그릇 같은 저를 하나님은 보배 그릇으로 바꿔 주셨습니다.

서원한 대로 신학교에 입학하다

고등학교를 마치고 안양대 신학과에 입학했습니다. 서원한 대로 목사나 선교사가 되기 위해서 신학교에 들어간 것입니다. 신학교에 다니면서도 일을 멈추지 않았습니다. 아니 멈출 수 없었습니다. 당시 나환자촌이 있던 서울 헌인릉 부근의 가구 공장 내 성경 만드는 공장에서 먹고 자면서 일했습니다. 그리고 신학교 1학년 때부터 전도사로 서울 창동의 한 교회에서 주일학교를 인도했습니다. 동네를 돌며 북을 치면서 아이들을 모았습니다. 이후 몇 교회에서 전도사로 사역했습니다.

성경 만드는 공장에서도 열심히 복음을 전했습니다. 지방에서 올라온 직원들과는 함께 찬송하고 성경을 공부했습니다. 치열하게 살던 시절이었습니다. 교회에서, 학교에서, 일터에서 열심히 복음을 전했습니다. 제가 사역할 장소는 천지에 널려 있었습니다. 교회만이 아니라 이 세상이 복음을 전할 거대한 터전이었습니다. 목욕탕 때밀이로서, 공장 직공으로서, 학생으로서, 전도사로서, 나를 포장해 주는 환경은 변했지만 복음을 전한다는 사실만은 변함이 없었습니다. 그때 깨달았습니다. 세상이 아무리 변할지라도 하나님의 말씀은 변하지 않는다는 것을, 제가 일생 동안 전하다 죽어야 할 그 한마디는 바로 '주님을 믿으세요'라는 사실을.

안양대에서 총학생회장으로도 섬겼습니다. 사실 제가 원해서 된 학생회장은 아니었습니다. 하나님이 되게 하셨다고밖에 말할 수 없습니다. 제가 대학을 다니던 시절에는 교내에 시위가 끊이지 않았습니다. 저는 총학생으로서 기도하는 학교로 만들기 위해 노력했습니다. 대의원들과 안양 갈멜산 기도원에 올라가 기도하며 학교 일을 상의했습니다.

저는 우리가 궁극적으로 이룩해야 할 사회는 하나님의 사랑이 거하는 샬롬의 공동체여야 한다고 믿습니다. 평강과 평화가 넘치는 공동체를 만드는 것이 우리의 목표입니다. 물론 그 샬롬의 공동체를 만들기 위해서는 먼저 정의가 이뤄져야 합니다. 공의가 하수처럼 흘러야 합니다. 주님의 정의가 이뤄졌을 때 비로소 샬롬의 공동체를 만들 수 있습니다.

그럼에도 저는 시위로써 하나님의 정의가 이뤄질 수 있다고 보지 않았습니다. 신학생으로서 먼저 할 일은 전적으로 그분께 의지하는 것이라 생각했습니다. 신학생을 떠나 적어도 크리스천은 우리가 주체가 아니라 하나님이 인생과 우주, 역사의 주인이라는 생각을 해야 한다고 확신합니다. 아무튼 총학생회장이 되면서 2년간 등록금 면제 혜택을 받았습니다. 그런

중에도 저의 교회 중심적인 삶은 변함이 없었습니다. 대홍동 대홍제일교회에서 사역할 때는 아예 교회에서 숙식을 하는 등 전력투구했습니다.

전도사 시절에 아내 박정남을 만났습니다. 저와 아내는 결혼을 위해 40일 작정기도를 하고 만난 커플입니다. 물론 서로 기도한다는 사실을 알지 못했습니다. 그저 하나님께 일생의 반려자를 위해서 작정기도를 했을 뿐이었습니다. 아내는 직업군인 출신입니다. 육군본부에서 교관생활을 했습니다. 군인 정신이 투철한 여성이었습니다. 그러나 군인 정신에 앞서 하나님 정신이 더욱 투철한 여성이었습니다. 신학을 전공했던 아내는 주일에는 군대 신우회에서 전도사로 사역하기도 했습니다. 전도사 생활 2년 만에 12명의 군인 성도를 100명으로 부흥시킬 정도로 적극적이고 긍정적인 신앙의 소유자였습니다. 신학교 후배의 소개로 저와 아내는 육군본부가 있던 신용산 우체국 정문 앞에서 처음 만나기로 했습니다. 15분 정도 늦게 약속 장소에 도착하니 박 전도사가 보이지 않았습니다. 그 후로 45분 더 기다린 뒤 후배로부터 전화번호를 받아 박 전도사의 집으로 전화했습니다. "아니, 바쁘디바쁜 교육 전도사를 바람맞히면 어떻게 합니까?" 저의 볼멘소리에 아내가 딱 한마디 했습니다. "군인은 5분 이상 기다리지 않습니다."

아내와 저는 그다음 주에 만났고 4개월여 교제한 뒤 결혼을 했습니다. 신혼생활의 달콤함은 오래가지 않았습니다. 하나님은 저희더러 개척하라고 명하셨습니다. 물론 저희는 그 부르심에 순종했습니다.

7명이 마중물이 된 개척교회

당초 저는 개척 목회를 할 생각이 없었습니다. 신학생 시절 교회 전도사로 사역하면서도 개척보다는 옛 소련 지역 선교사로 나가려고 계획했습니다. 소련선교회에 문의해서 구체적인 사역 계획까지 그리기도 했습니다. 그러나 "사람이 마음으로 자기의 길을 계획할지라도 그의 걸음을 인도하시는 이는 여호와시니라"(잠 16:9)는 말씀대로 제 계획과 주님의 인도하심은 달랐습니다. 결혼한 지 4개월가량 됐을 때 자전거를 타고 인천의 저희 집 주위를 한 바퀴 도는데 갑자기 하늘에서 불이 내리는 느낌을 받았습니다. 강한 성령의 임재를 느꼈습니다. 제 힘으로는 어찌할 수 없는 마음 상태가 되었습니다. 아내와 저는 함께 기도했습니다. 기도하면서 저희는 이것이 하나님께서 개척하라는 사인이 아닌가 생각했습니다. 기도 가운데 확신이 들었습니다. 하나님은 제가 생명을 걸고 잃어버린 영혼에게 복음을 전하기 원하셨습니다. 그리고 그 구체적인 방법이 교회 개척이었습니다. 지금은 더욱 힘들지만 그때도 개척은 어려웠습니다. 개척해서 제대로 된 자립 교회를 만드는 것이 결코 쉽지 않았습니다. 수많은 신학교 동기들이 개척에 실패하는 모습도 보았습니다. 그러나 하나님의 부르심은 그 모든 환경적인 요건을 뛰어넘었습니다.

우리는 바로 신혼방을 내놓았습니다. 1400만 원으로 마련한 보금자리였습니다. 신기하게도 방은 금방 나갔습니다. 다음 날 그 돈으로 인천시 주안 5동 산동네에 지하 54평짜리 사무실을 얻었습니다. 길가도 아니고 공단 뒤편 구석진 다세대 상가의 초라한 교회였습니다. 바닥에 스티로폼 4장을 깔았습니다. 그리고 5만 원짜리 목간판을 세웠습니다. 너무나 가난한 교회였습니다. 마치 지난 시절의 제 환경을 상징하듯 교회는 볼품 없었습니다. 하지만 지금 주사랑교회는 인천에서도 가장 잘사는 동네이자 어느 지역보다 유망한 송도 신도시에 자리 잡고 있습니다. 26년 만에 환경적으로는 하늘과 땅 같은 차이를 이뤄 낸 것입니다. 하나님의 전적인 은혜가 아닐 수 없습니다.

저는 가난한 동네, 가난한 교회에서 개척을 했기 때문에 이 땅의 개척교회 목회자들의 어려움을 잘 알고 있습니다. 아무리 노력해도 조금도 나아질 것 같지 않은 환경 속에서 목회자들은 육체는 물론 영혼마저 고갈되는 고통에 시달립니다. 그래서 저는 당시를 생각하며 될 수 있는 대로 개척교회 목회자들을 섬기려고 노력합니다.

아무튼 저희는 결혼 4개월 만에 신혼의 달콤한 생활을 청산하고 개척교회 목회자 부부가 되었습니다. 제가 전도사로 사역하던 교회 목사님께 이 사실을 알리자 목사님은 깜짝 놀라며 "하여간 장 전도사는 알다가도 모를 사람이야" 하면서 저희 부부의 앞날을 축복해 주셨습니다.

열정 하나로 시작한 목회였습니다. 전도사 경험만으로는 결코 제대로 할 수 없는 것이 개척 목회였습니다. 첫 주일 예배에 15명이 나왔습니다. 의자도 없고 강대상도 없는 침침한 지하 예배당에서 예배를 드렸으나 제 영은 하늘로 날아오르는 것 같았습니다. 주님의 부르심에 순종했다는 만족감 때문입니다. 그러나 현실은 냉혹했습니다. 다음 주일 예배에는 처음 출석한 사람 중 8명이 나오지 않았습니다.

저희 부부는 몇 안 되는 교인들과 함께 천마산 기도원 등을 다니며 산기도를 했습니다. "하나님, 우리는 이 민족을 세워 나갈 수 있는 건강한 교회를 세우기 원합니다. 하나님의 영광을 위해서 일하겠습니다. 우리에게 기회를 주십시오." 신자들의 간절한 기도는 힘이 있었습니다. 기도 가운데 주님의 은혜가 임했습니다. 개척 1년 만에 80명 정도가 함께 예배를 드릴 수 있게 되었습니다. 마을 사람들은 초라한 산동네 교회가 부흥하고 있다면서 관심을 보이기 시작했습니다.

창립 4년 만에 주신 약속

저는 교회를 개척하는 목회자를 존경합니다. 제가 개척 사역을 했다고 해서 하는 말이 아닙니다. 주님의 성전은 이 땅에 구름처럼 많이 세워져야 합니다. 개척교회가 어렵다고 모두 개척을 외면한다면 주님의 성전은 결국 이 땅에서 사라지고 말 것입니다. 개척자 정신, 창조적 정신으로 목회자들이 무장해야 합니다. 신학생들은 편안한 목회에 대한 유혹을 떨쳐내고 '평생에 한 번은 개척을 하겠다'는 결심을 해야 합니다.

하지만 개척교회의 현실은 냉혹합니다. 요즘 개척교회에 제 발로 찾아와 예배를 드리는 기특하고 별난 신자는 찾아보기 어렵습니다. 개척교회 사역은 모든 것을 다 바쳐야 합니다. 개척에 성공하기 위해서는 생명을 걸고 목회해야 합니다. 개척교회는 안정된 기존 교회보다 더 전략적인 방법을 사용해야 합니다. 변화하는 시대에 변함없는 복음을 전하기 위해서는 탁월한 전략이 필요합니다.

저는 개척한 뒤 곧바로 연예인 초청 집회를 열었습니다. 사람들에게 주사랑교회를 알리기 위한 전략이었습니다. 지금은 목회자가 된 임동진 씨와 한인수 장로, 정영숙, 최선자 권사 등을 초청했습니다. 일단 잔치는 준비했지만 걱정이 앞섰습니다. '사람들이 찾아오지 않으면 어떡하나'라는 인간적인 고민에 휩싸였습니다. 예수님을 보기 위해 뽕나무 위에 올라간 삭개오와 같은 간절한 심정으로 사람들을 모을 방법을 연구했습니다.

각 동네에 현수막을 설치하기로 했습니다. 저는 밤중에 동네 사거리마다 주사랑교회 이름이 대문짝만 하게 쓰인 현수막을 높이 내걸었습니다. 다음 날 사람들은 현수막을 보고 한마디씩 했습니다. "아니, 주사랑교회가 대체 어디에 있는 교회지? 한번 가 봐야겠군." 연예인 초청 새생명축제는 성공적이었습니다.

저는 매일 새벽기도 후 자전거를 타고 동네를 한 바퀴 돌았습니다. 삼천리표 자전거는 내 전용 자가용이었습니다. 동네를 돌면서 상점이 문을 열 때마다 기도해 줬습니다. 주인이 신자든 비신자든 상관없이 기도를 드렸습니다. 기도를 받지 않겠다고 하면 상점 앞에서 나 혼자 기도했습니다. 진심으로 상점들이 번창하기를 간구했습니다. 그렇다 보니 주안 5동, 간석동, 도화 2동에서 주사랑교회를 모르는 주민이 없을 정도가 되었습니다. 자연히 교회는 부흥하기 시작했습니다. 매주 교회에 비신자들이 찾아왔습니다. 지하 예배당이 성도들로 가득 찼습니다.

창립 4주년인 1995년 1월 1일에 설교를 하는데 성령님의 세미한 음성이 들려왔습니다. "올해는 주사랑교회를 지상으로 올려 주겠다. 지상 100평 공간에서 예배드릴 수 있게 해 주겠다." 설교 중에 즉각 교인들에게 선포했습니다. "하나님이 올해 우리를 지상으로 올려 주신답니다. 이 기회를 잡읍시다." 예배를 마치고 주안역 인근을 돌아보았습니다. 그러나 주안역 부근에는 100평짜리 사무실이 있는 건물이 없었습니다. 실망하지 않고 신실하신 하나님을 믿으며 기도에 매달렸습니다. 봄과 여름이 지나가고 가을이 됐습니다. 약속의 말씀은 이뤄질 것 같지 않았습니다. 순간적으로 하나님에 대한 불신이 생기기도 했습니다. 그러다가 어느 날 새벽기도를 끝내고 교회에서 나오는데 도화 2동 삼거리에 새 건물이 올라서는 모습이 보였습니다. 순간 그 건물은 우리를 위해 지어지고 있다는 생각이 들었습니다.

"괴로우니 더 이상 기도하지 마세요"
건축 중인 건물을 보고 저는 뛸 듯이 환호했습니다. 그러나 그 환희는 곧 실망으로 바뀌었습니다. 건물주가 절대로 교회에는 임대해 주지 않겠다고 고집을 부렸기 때문입니다. 건물주는 인천 모 교회 장로님이셨지만 단호했습니다. "교회는 안 됩니다." 그 말에 주눅이 들 저와 주사랑교회 성도들이 아니었습니다.

저는 '이미 성령께서 100평의 교회당을 주겠다고 말씀하시지 않았던가' 하며 믿음으로 밀어붙이기로 했습니다. 저와 성도들은 매일 새벽기도회가 끝난 뒤 건축 중인 건물을 몇 바퀴씩 돌면서 기도했습니다. 뼈대만 세워진 건물에 들어가 통성기도를 드렸습니다. "주님, 약속한 대로 이 건물에서 예배를 드리게 해 주세요. 주님, 우리도 이제 지상에서 예배를 드려야 하지 않겠습니까?"

매일 하루도 빠짐없이 건물을 돌면서 기도하기를 수십 일, 어느 날 그 장로님의 누님이 기도하는 우리를 보더니 한마디 했습니다. "목사님, 이제 더 이상 기도하지 마세요. 괴롭습니다. 우리 동생은 장로이지만 바늘로 찔러도 피 한 방울 나지 않을 사람이에요. 동생이 아니라고 하면 아닌 거예요." 저는 "괜찮습니다. 하나님께 기도드릴 뿐입니다. 하나님이 해결해 주시겠지요"라고 말했습니다.

건물이 어느 정도 지어지자 장로님은 5층을 미리 꾸며 가정집으로 사용하기 시작했습니다. 저는 '장로님이 이기나, 우리가 이기나 한번 보자'라는 생각으로 아침은 물론 저녁에도 기도하기 시작했습니다. 매일 우리의 통성기도 소리를 듣던 장로님의 심정이 어땠을까 생각하니 지금도 입가에 미소가 머금어집니다. 어느 날 저녁 장로님이 기도하고 있던 저를 불렀습니다. "목사님, 정말 대단하십니다. 졌습니다. 그런데 주사랑교회는 아직 개척교회에 불과하지 않습니까. 돈은 있습니까?" 저는 속으로 '할렐루야, 됐다'라고 외쳤습니다. 곧바로 대답했습니다. "우리 아버지는 돈이 많습니다. 당장 계약하겠습니다." 장로님은 "목사님과 성도님들의 열심이 저의 마음을 움직였습니다. 오셔서 주님을 위해 큰 교회를 이루세요" 하며 임대를 허락해 주었습니다.

큰소리는 쳤지만 사실 우리 교회는 그 건물을 빌릴 돈이 없었습니다. 그러나 저는 하나님께서 반드시 우리가 필요한 돈을 마련해 주실 것이라고 믿었습니다. 돈을 마련하려고 애를 쓰고 있는데 어느 날 13평 연립주택에서 어렵게 살던 한 여집사님이 500만 원을 헌금했습니다. 그분에게는 거금이었습니다. 집사님은 "하나님의 큰 은혜를 받았습니다. 이 돈을 건물 임대를 위한 '씨앗 헌금'으로 드리고 싶습니다"라고 말했습니다. 알고 보니 그 집사님의 아들이 눈이 나빠 어려움을 겪었는데 제가 기도해 준 뒤 거짓말처럼 시력이 좋아졌다고 합니다. 기적과 같은 일이었습니다. 아들의 시력이 회복된 것에 감사해서 집사님은 건물 임대를 위해 헌금을 했던 것입니다. 그 집사님의 헌신을 시작으로 성도들이 적극적으로 헌금 대열에 동참했습니다. 짧은 시간에 8500만 원의 헌금이 들어왔습니다. 우리는 그 돈으로 정확히 100평짜리 예배당을 임대할 수 있었습니다. '할렐루야'를 외치지 않을 수 없었습니다.

저는 전적으로 드릴 때, 하나님의 역사가 임하신다는 사실을 삶과 목회를 통해 생생하게 체험했습니다. 드린다는 것은 재정만 의미하는 것이 아닙니다. 제 삶의 전 영역을 드리는 것입니다. 아내도 마찬가지로 드리는 삶을 살았습니다. 결혼하기 전 아내는 수년 동안 부어 온 적금 400만 원을 교회에 헌금했다고 합니다. 헌금을 하고 교회당을 나오는데 하늘을 나는 기분이었다고 했습니다. 아내는 그때 "너의 앞날에 재정적인 걱정이 없게 해 주겠다. 평생 너와 너희 가정, 사역 터전을 축복하겠다"는 하나님의 소리를 들었다고 했습니다. 저희는 지금도 아낌없이 바치는 삶을 살고 있습니다. 순수하게 드릴 때, 더욱 풍성히 채워진다는 진리를 알기 때문입니다. 주님께 바치고 이웃과 나눌 때마다 저는 이 사회를 휩쓸고 있는 자본주의와 물신주의에서 자유로워질 수 있음을 체험합니다.

노숙인의 쉼터가 되다

주사랑교회는 결국 개척 4년 만에 지하에서 지상으로 올라오게 됐습니다. 이 과정을 통해 저와 성도들은 주님만 의지한다는 것이 무엇인지 피부로 체험했습니다. 돈으로 살 수 없는 값진 경험이었습니다. 외면적으로 우리에게는 아무것도 없었습니다. 하지만 믿음이라는 현찰을 갖고 있었습니다. 당장 아무것도 없더라도 반드시 이루어진다는 확고한 믿음을 가지면 하나님께서 채워 주셨습니다. 저는 미래에 이뤄질 사건을 현재로 가지고 와서 사는 사람이 지혜로운 사람이라는 사실을 깨달았습니다. 이 땅의 삶이 아무리 고단하더라도 미래에 이뤄질 구원을 생각하면 고통은 축복인 것입니다.

저는 언제나 육신의 복보다 더 큰 복은 영의 복이라고 강조합니다. 저는 우리 교회 성도들에게 이 땅의 복뿐 아니라 하늘의 복도 누리게 하고 싶습니다. 모름지기 하나님의 사람은 모세와 사도 바울처럼 천국의 영광을 추구해야 합니다. 우리 인생의 성공과 실패는 천국에서 결정됩니다. 크리스천은 넓은 아파트가 아니라 천국에 대한 소망을 가져야 합니다. 먼저 그의 나라와 그의 의를 구할 때 모든 것을 예비해 주신다는 주님의 말씀을 믿어야 합니다.

목회가 성공했다 하더라도 주님께서 마중 나오시지 않는다면 그건 아무의미 없는 것입니다. 그래서 육적인 배부름의 목회와 삶보다는 영적 배부름을 추구해야 합니다. 이것이 제가 목회가 즐거운 이유입니다.

교회는 계속 성장했습니다. 예배 처소를 지상으로 옮긴 지 2년 만인 1997년 우리는 인천시 간석 4동에 지하 1층, 지상 4층 건물을 마련할 수 있었습니다. 하나님의 은혜라고밖에 말할 수 없는 성장이었습니다. 그런데 간석동으로 교회를 옮긴 지 1년 만에 외환위기가 닥쳤습니다. 전국이 노숙인들로 넘쳐 났습니다. 그때 하나님이 말씀하셨습니다. "노숙인들을 돌봐라." 저는 곧바로 순종했습니다. 교회 지하와 1층에 노숙인들을 위한 쉼터를 만들고 우리 교회에 찾아오는 노숙인들을 먹이고 재웠습니다. 노숙인 사역은 7년 동안 지속됐습니다.

당시 우리 교회와 담 하나를 사이에 두고 아파트 단지가 있었습니다. 교회를 찾는 노숙인들은 자연스레 아파트 단지에도 들어갔습니다. 그러자 아파트 주민들이 항의했습니다. 저는 아파트 주민회의에 참석해 "교회에 모인 노숙인들이 여러분의 아버지이며 남편이라고 생각해 보세요. 그들을 받아 줘야 합니다. 함께 갑시다" 하고 설득했습니다. 많은 주민들이 제 의견에 동의했지만 일부 주민들의 반대로 결국 교회와 아파트 사이에 담이 설치됐습니다.

우리 교회의 노숙인 사역은 지상파 방송사에서 취재할 정도로 널리 알려졌으나 노숙인 교회라는 인식이 확산되면서 전도가 어려워지고 성도들도 많이 떨어져 나갔습니다. 그러나 주님의 명령에 순종하지 않을 수 없었습니다. 저의 육신은 인천의 가난한 지역에 있었지만 마음은 넓은 광야에 있었습니다. 인천을 뛰어넘어 한 시대를 책임지는 교회를 만들겠다는 것이 저와 아내가 품은 비전이었습니다. 저는 자주 우리 교회 성도들과 함께 인천 시내가 내려다보이는 높은 곳에서 기도했습니다. 아파트 단지의 휘황찬란한 불빛을 바라보면서 저는 마음속으로 "주님, 저도 한번 넓은 아파트 단지에서 목회하게 해 주세요. 주님을 위해서 제대로 쓰임 받고 싶습니다"라고 기도했습니다. 아파트 단지에서 목회하는 게 꿈이 아니었습니다. 단지 주님의 영광을 위해서 보다 큰 무대에서 사역하고 싶었을 뿐입니다.

어린아이와 같이 저는 주님께 필사적으로 매달렸습니다. 기도를 해 나가자 마음속에 송도 신도시가 보이기 시작했습니다.

또다시 비전을 품고 송도 신도시로

송도 신도시에 대한 비전을 품고 저와 아내, 성도들은 열심히 기도했습니다. 하나님의 뜻이 임하시면 지금은 어렵게 보이지만 결국 송도 신도시로 장막을 옮길 수 있을 것이라고 믿었습니다. 4년 전 어느 날, 미국 집회를 마치고 인천공항에 내리자 또 가슴속에 불이 쏟아지는 느낌이 들었습니다.

저는 그것을 하나님의 사인이라고 생각했습니다. 즉각 교회 사무장에게 전화했습니다. "송도 신도시 도시개발본부 웹사이트에 들어가 혹시 종교부지에 대한 입찰 공고가 나오지 않았는지 확인해 보세요." 내 직감대로 인터넷에 종교부지 입찰공고가 떴습니다. 우리는 기도에 기도를 거듭했습니다. 우리의 결정에 주님의 뜻이 임하기를 소망했습니다. 수많은 교회와 사람들이 종교부지 입찰에 참여했습니다. 하나님이 주관하시는 기적이 없으면 낙찰받기 어려운 상황이었습니다. 기도의 힘밖에 없었습니다. 입찰 당일 하나님은 아내를 통해 사인을 주셨습니다. 성도들과 함께 기도하던 아내가 환상을 보았습니다. 제가 운동장에서 수많은 사람과 달리기를 하고 있는데 골인 지점에서 하나님이 제 손을 높이 들어 주셨다는 것입니다. 아내는 우리가 낙찰받을 것으로 확신했습니다.

아내의 환상대로 우리는 송도 신도시의 가장 중심지를 낙찰받았습니다. 종교부지를 낙찰받은 순간 저는 무릎을 꿇었습니다. "주님, 평생 주님께 영광 돌리는 교회를 일구겠습니다. 주님의 교회를 만들겠습니다." 어렵게 낙찰받은 뒤 여기저기에서 돈을 빌려 계약을 했지만 성전 건축 자금은 없었습니다. 그러나 하나님이 어떤 분이신가요. 그분은 송도에 당신의 교회를 세우기 위해 이미 청사진을 마련해 놓으셨습니다. 서울의 한 장로님을 통해 극적으로 엔화를 저리로 대출받았습니다. 우리에게는 믿음이란 현찰만 있을 뿐이었으나 그것은 때가 되면 어떤 자금보다 강력한 재화가 되었습니다.

우리는 성전을 짓기 전에 먼저 낙찰받은 부지에 컨테이너 예배당을 세우고 십자가를 올렸습니다. 송도에 제일 처음 불을 밝힌 십자가였습니다. 저는 주일에는 간석동 예배당과 송도 컨테이너 예배당을 오가며 사역했습니다. 지난 4년 동안 저와 성도들은 매일 저녁 컨테이너 예배당에서 기도했습니다. "송도에 예수의 복을 내려 주세요. 송도가 하나님의 영광이 거하는 거룩한 도시가 되도록 도와주세요. 그 일에 우리를 써 주세요." 송도 신도시에 아파트가 들어서고 입주가 시작되면서 컨테이너 예배당을 찾는 신자도 늘어났습니다. 컨테이너를 4개까지 늘렸습니다. 그 사이 성전 건축 공사는 순조롭게 진행됐습니다. 아직 공사를 마친 것은 아니지만 2005년 12월 24일 송도 신도시 새 예배당에서 첫 예배를 드렸습니다.

그 해 겨울은 무척 추웠습니다. 예배당은 아직 완공되지 않았기에 난방도 되지 않았습니다. 그러나 추위는 우리에게 아무 문제도 되지 않았습니다. 우리는 하나님께 영광을 돌리며 감격 속에서 예배를 드렸습니다. 메이플라워호를 타고 신대륙에 도착한 청교도들의 심정이 아마 그때의 우리 마음과 같았을 것입니다. 새로운 역사를 이룰 것이라는 기대와 하나님의 말씀이 추위를 녹여 냈습니다. 그렇게 주사랑교회의 찬란한 송도시대가 열렸습니다. 저는 요즘도 매일 송도의 꿈을 꿉니다. 송도가 하나님의 영광이 거하는 위대한 도시가 되는 꿈을 꿉니다. 이것이 저의 간증이며 소망입니다.

세계선교 큰 꿈을 향해 나간다

송도 신도시는 우리에게 약속의 땅입니다. 가끔 '나처럼 부족한 사람을 하나님은 왜 송도로 보내셨을까' 생각합니다. 송도는 멀지 않은 장래에 한국 경제의 핵이 될 것입니다. 송도에는 뉴욕의 맨해튼 같은 환경이 조성될 가능성이 큽니다. 저는 송도에서 한국을 뛰어넘어 세계를 봅니다. 중국 대륙을 바라봅니다. 저는 주사랑교회가 송도에 자리를 틀 수 있게 된 데에는 하나님의 섭리가 있다고 확신합니다. 하나님께서 우리 교회가 민족을 깨우고 세계 선교를 위해 큰일을 하기 원하신다고 믿습니다. 주사랑교회는 송도에서 하나님의 꿈을 이뤄 드릴 것입니다.

현재 지상 4층, 지하 1층 규모의 주사랑교회에서는 매주 아이들을 포함해 1200여 명이 예배를 드리고 있습니다. 우리는 여기에 만족하지 않습니다. 앞으로 1만 2000여 석의 교회당을 지을 비전을 갖고 있습니다. 저는 우리 교회가 영향력 있는 교회로 성장할 수 있기를 소망합니다. 그 이유는 단한 가지입니다. 송도를 예수 그리스도의 영이 거하는 성시로 만들기 위해서입니다. 오직 주님의 영광을 위해!

예수 그리스도는 제 인생의 색깔을 바꿔 놓으셨습니다. 회색빛 인생을 황금빛 인생으로 탈바꿈시키셨습니다. 지난 세월 동안 저는 예수님이 가슴에 들어올 때 삶이 바뀐다는 것을 체험했습니다. 그래서 저는 목회 현장에서 외치고 또 외칩니다. "예수님을 만나야 합니다. 예수님을 만나면 천한 인생, 부랑아와 같은 인생이 영광의 인생으로 바뀌게 됩니다." 제 인생을 예수님 없이 어떻게 설명할 수 있겠습니까. 예수님이 들어오심으로써 제 삶의 천지개벽이 이뤄졌습니다. 지금의 제 모습은 성경 한 권이 내 가슴속에 들어옴으로써 이뤄진 기적입니다. 그래서 저는 늘 성경 내용을 성도들의 가슴속에 착상시키는 설교를 합니다. 믿음으로 미래에 이뤄질 사건을 오늘의 삶에 끌어오는 말씀을 전합니다. 그래서 오늘의 고통과 슬픔 너머에 있는 소망을 바라보게 합니다.

올해 83세인 어머니는 요즘 동네 사람들로부터 칭송을 듣습니다. 어머니의 지난 시절은 지독한 가난과 함께한 고통의 세월이었습니다. 제가 어릴 때 동네 어른들은 모두 우리 가족을 안쓰럽게 바라보았습니다. 모두가 곡재댁(동네 어른들이 어머님을 부른 호칭) 막내아들 상길이를 불쌍하게 보았습니다. 어른들은 저를 보면 밥이나 김치를 담아 주시기도 했습니다. 그러나 세월이 흘러 어머니의 인생이 바뀌었습니다. 지금 어머니는 동네의 어느 누구보다 행복한 노인이 되셨습니다. 자녀들도 모두 훌륭하게 성장했습니다.

안쓰럽던 곡재댁 막내아들 상길이는 마을에서 가장 처음 목사 안수를 받아 영혼 구원의 사역을 펼치고 있습니다. 동네 사람들은 "곡재댁네가 예수를 믿더니 복을 받았군"이라고 말합니다. 그렇습니다. 우리 가족은 예수님을 믿어서 복을 받았습니다. 예수님은 저뿐 아니라 우리 가족을 뒤덮은 인생의 잿빛 공기를 걷어내 주셨습니다. 그래서 우리의 삶을 시원하게 해 주셨습니다. 저는 매년 5월 8일이면 고향 어르신들에게 성대한 잔치를 열어 드립니다. 벌써 10년 넘게 해 온 연례행사입니다. 지난 시절 저를 도와주셨던 동네 어른들을 마음을 다해 섬기고 있습니다.

인생은 만남입니다. 하나님과 예수님을 만나 제 인생은 바뀌었습니다. 더불어 주사랑교회의 수많은 '영적 배필'들을 만나 제 삶과 사역이 윤택해졌습니다. 그분들에게 감사드리며, 제 인생의 주관자이신 하나님께 모든 영광을 드립니다.

Make Cash from Future Reality

Songdo Jusarang Church, Pastor. Sang Gil, Jang

I can do everything through him who gives me strength (Php 4:13)

The light that illuminated the ash-like childhood

One day my wife asked me what "humility" was about. Humility, which is used very often, is hard to come up with concrete definition for its concept. My wife said that "humility is knowing that there is nothing good in me and no strength to make God happy." This made me realize something. We strive to spend our lives meaningful, however, we humans are the ones who have no goodness in us to make God happy. Realizing that humans cannot survive without God's help is humility.

One could experience grace through true humility. When we think of God who raises and uses the powerless beings such as us, there's nothing we could do but acknowledge His grace. Humility and grace, these are the first keywords in my life. I profess that I cannot live without God's grace. I owned nothing, and had nothing to gain however from my uselessness, God made me into someone I am now. Just like Paul's confession "It's God's grace that makes me who I am."

My life started off as a grey light. I was very poor and unattractive during my childhood. Nothing good came out from the circumstance. Things didn't change throughout my adolescence and adulthood. Poverty always followed and overlapped with hardships. There wasn't a hint of success or happiness. Although my life was seen as a grey light it was only the external view.

The atmosphere was dark and gloomy; however within me I always had a bright light shining. It was God who enabled me to overcome the atmosphere and let the light shine. Through the Word of God, His light shone on me and strengthened me to triumph over the unfavorable atmosphere. Life was always hard but I was singing hymns. Like written in Job 23:10 "But he knows the way that I take; when he has tested me, I will come forth as gold," it was the verse that illuminated my path in life. Through the furnace of God's grace the grey light of my life changed into a bright golden light. Conditions changed both internally and externally for me. This poor kid became a pastor and now heads the JuSarang Church in Korea's most dynamic city, Incheon, Songdo. It was God's grace. He bestowed on me a crown of beauty instead of ashes and granted gladness instead of mourning.

There is a village called Gasang located in Goheung County of South Jeolla Province. It's where I was born. This village is where "Jang" family live together, kind of like a clan town. This small village consists of 100 houses. I knew what it meant to be "poor as a church mouse." Of course those who are above their 40s will know about poverty during childhood years. Our family was fourth in being the poorest in Gasang village. Poverty was my friend and it didn't leave me for many years. My father used to cultivate a 1.3 acre sized field but he passed away when I was in 4th grade. As a youngest out of 4 brothers and 1 sister, Sang-gil Jang's conditions of life were harsh. There was nothing appealing about me. However regardless of my unfavorable state, God granted me His grace.

Changed life at church at the age of seven

My life changed when I was 7. Jesus of the Gospel came to me when I was young and that was then my life divided into BC and AD. As a kid who did not know about anything, I was the first one to go to church out of my family. Gasang was a village that had both Buddhism and Confucianism mixed together. Our house was also traditionally far away from God. We heard that the poorest family in our village was the first to accept Christ in Gasang. We called that house "The Way House."

One grandmother named Songja and her daughter went to church after being evangelized. They called me to go with them to church. "Sang-gil, let's go to church." And that was the voice of God, who worked in my life, calling me. Of course at that time our village didn't have a church. But there was a tent-church on a barley field at a neighboring village. It was a very small church with only about 8~12 church members. There was a young evangelist who took me to church every week. Through this I became the first "Abraham" from my family.

Receiving grace from the Gospel, I spend much of my time in church. The thing that I enjoyed the most in church was ringing the church bell.

It was fun to ring the wooden bell everytime during early morning prayers or night prayer meetings. I didn't want to loose my "job" as a bell ringer to anyone. The church bell was like a clock of that village.

It usually took me 40 minutes to walk from my house to the church. I sang hymns during my walk. Singing hymns was one of the great joys and I actively participated in night prayer meetings. I didn't know anything about prayer, however I cried out to God. As written in Jeremiah 33:3 "Call to me and I will answer you and tell you great and unsearchable things you do not know," I continuously cried out to God.

After crying out and praying I realized it was about 4 or 4:30 in the morning. I usually saw daybreak on my way back home. It was a marvelous sight to see a single light in the dark turning into bright morning sunrise. I prayed as I walked, "Dear Lord, please be the light in my life, Lord have pity on me."

On Sundays I walked around my village calling out my friends, "Hun-Doo, Sung-Tae! Let's go to church. We can eat good meal there. Come hurry up." For my friends who were poor like me, it was a joy to go to church and have a nice meal. We were that poor. After finishing elementary school, my siblings and I went to Seoul. No one from us properly entered middle school. Everyone was going to Seoul to work. There were 21 elementary school peers and 7 of which were not able to enter middle school because they could not afford it.

I went to Seoul when I was 14. I lived in an alley near Cheonggyecheon 8 (between Sungin-dong and Sinseol-dong) I had a relative who worked at a placed called Cheong-giwa, so I stay at her house. Because I had to earn money I worked at Ae-won Sauna near Dongdaemun. I worked there as an employee who received the tickets, cleaned the shoes, and did various trivial works. I had to wake up at 4:40am and fill up the tubs with water in order to receive customers at 5am. After the customers left, at 7pm I cleaned the tubs and coated them with wax. When the supervisor and workers left, I went in a tub and pulled a blanket over to sleep. Although I was busy all day long, I always had the Bible and an English-Korean dictionary in my hands.

Nevertheless, growing in faith by endurance

I read the Bible and memorized English vocabulary whenever I had the chance. I repeatedly read and repeatedly memorized. I was so determined to go to school. Everytime I missed my mom, I would take a walk around the Jung-ang marketplace and head inside a church to pray. I was filled with sorrow and grief just to think about how miserably we lived. "Mom, I miss you. I will make a lot of money and make your life better."

During my 2 years living in Seoul, I lived a life in a repetitive cycle earning money. I persevered through starvation and hardship, thinking about the bright future. I lived with great effort for my future thinking about Jesus Christ who lived in me. And I sang dreaming about the future that God had planted in my heart. In the midst of hardship, I sang hymns. As I bore through, I gained perseverance. Perseverance produces character and character produces hope. Through this process of life I knew I could shine like a pure gold. Thinking about it now, I can't express enough how much those experiences were beneficial to me.

I've experienced lot at a young age. I watched my relative sister sell alcohol to guests. I watched people in their final stages of life fighting over small things. Just like the main character named Toto who thinks about his childhood in the movie "Cinema Paradise," I saw many scenes in my life spreading out like a panorama. At that time my monthly pay was 13 thousand won. With the money I earned for two years, I wasn't able to pay for a school in Seoul. In 1974, I went back to my hometown and went to a middle-school there. I studied hard as a middle-schooler and also kept my faith secure. Although I was a middle-schooler, I volunteered as a teacher's assistant for Sunday school. I also helped out with the farm work and other trivial things like chopping the woods and taking care of neighbor's cows. However our family was not free from poverty. I cried out to God and I prayed till my knees were like that of camel's. I persevered. Like Noah who persistently built the ark regardless of the atmosphere, I also befriended poverty and lived a life of perseverance.

"God will someday send rain showers of revival in my life. Someday he will completely reverse my life. There will come a day when I reap with joy what I have sowed in tears." By firmly holding on to these beliefs, I started to fortify my faith. In Sept, 1978, I went back to Seoul. It was painful to leave my mother alone with farm work, however it seemed like my life would end if I continued to live in the country side. In Seoul I lived a very church-oriented life, attending a church in Hwayang-ri called "Hyanggwang Church." I was very actively involved with church works. When our church moved to Gangname during Gangnam development phase, I also followed. In middle-school I served as a head of the church student council and in highschool years, as a general director. I evangelized for an hour everytime I went to school. I sang praise songs with my believer friends. Out of them, a friend named Hyun Oong Yoo, who graduated from Kyunghee University as a vocalist, now does praise ministry in the US. We shared our lunch with those who didn't have and sang praises together. I was under difficult situations, however, through praising God and evagelizing people I became peaceful. I began to have "nevertheless" faith.

In peace although there was no moment that life wasn't difficult

Life in Seoul was very competitive. I worked in fish trade and newspaper delivery in order to earn money for school tuition and living expenses. I woke up at 3 am and delivered and sold fish from Noryang Fish Market to Gangname AID Apartment and went straight to school. Through the experience I was able to distinguish the good quality fish and attitude I needed to have to sell more fish.

I also delivered newspaper for newspaper agency in Gangnam. 70 delivery workers slept in one room at that time. We woke up at 4am to receive newspaper from the supply station and delivered them to apartments near Apggujeong. We delivered 360 newspapers a day, and as time went on, I mastered the job. I got so good at the job that I managed to come down at the same speed as the elevator while delivering all the newspaper to designated places in an apartment. Through newspaper delivery I realized that even when small thing are done creatively and enthusiastically, one could become an expert on it. In order for us to become experts on service, ministry, business, politics and others, we must start from small things.

After delivering newspapers I would go eat 300 won worth meal at a nearby café and head to school. Because the church was located in Gangnam, there wasn't anyone who lived in harsh conditions like I did; most of them were wealthy. Sometimes I had the chance to visit my friends, who lived in places like Cheongdam-dong, Hak-dong, and Samseong-dong. I felt so small and discouraged to see my friends' wealthy lifestyle. I cried thinking about myself. There were times when such "complex" was unbearable. Those were the times when I had to go to church just to cry. I praised while crying. I sang the hymn "Nearer My God to Thee" especially more. I slowly understood that hymns had great spiritual power in them. All my complexes, pain, and sorrows alleviated as I sang hymns. I was physically hungry, but full spiritually.

After singing hymns I prayed. My prayer was always the same. "God, please bless Sang-gil. God, you will greatly bless me some day right? I love you Lord, I love you." I cried and I sang and prayed. I sang so many hymns that I almost memorized all of them. People would ask me "Where did you learn to sing that hymn?" Actually I am not musically talented. I can't even properly read the notes. However, I sing praises according to the sense and the state of my soul. There are times when you could feel the presence of Holy Spirit by singing praises. The delight you get from it cannot be expressed with words.

When I look back at my life, it has always been hard. Hardships came even during times when I was relatively wealthy. What I couldn't hold on to was always with me. It was a very ironic life. New problems will occur right after one becomes solved. Life seemed like solving so many problems. I don't believe we can get rid of hardships and difficulties in our lives. However if we find a way to experience God's peace in the midst of all those hardships, then we will certainly be in living a happy life. Isn't spiritually solving your complicated life issues considered as your walk in faith?

God never makes mistakes

Do you know the joy of dedicating one's life to something? There's more blessing in giving than receiving. Through life of sharing and giving we could sense God's kingdom being established on earth. Ever since I was a child I lived a giving life. Despite of poverty, I sincerely gave the offerings. I also trained to offer my life.

In my middle-school days, when I had absolutely no money, instead of buying token for transportation, I would walk and save that money for offering. I could sense God's delight over my offering that I made by saving up money from not buying tokens. I usually ask the church members. "Have you guys ever felt great joy in offering that you were not able to sleep?"

For me, I was so glad I was able to give an offering to God that I couldn't fall asleep. "Someday God will bless me." My faith did shake from time to time but I had faith that God will not turn away from me when I solely rely on Him and lift up everything to Him. I trusted in God who made no mistakes. There is a praise song that I enjoyed singing, it's called "God Never Fails." The words in the song goes like this "Although the road I take / is a curved path / and although my heart is sick and in pain / the reason why I'm still joyful within / is because God never fails… / Darkness deepens at night / and though the day doesn't seem to get brighter / I will hold on to my faith and rely on God / For I trust in the Lord." Just like the song, although my present life seemed so dark, I believed that Jesus, being my bridegroom, will give new joy in me and that joy will push away the darkness.

Now faith is being sure of what we hope for and certain of what we do not see. I did not give up during the hard period of my youth. It wasn't me that didn't give up but the joy from Jesus who came in me, made me not give up. Jesus helped me to become a person who would push onward without giving up and regardless of the circumstances. I couldn't help but exclaim, "I favor Jesus, I favor Jesus!"

When I was a middle-schooler, I was baptized by Holy Spirit during prayer at CCC Winter Retreat. It seemed like the doors of heaven opened up and angels came down, and I was mesmerized by the spiritual joy. I prayed, "I will become a missionary or a pastor and will live my entire life on telling people about You." That was my vow before God.

My pastor used to think of me as just an enthusiastic student in church, no more than that. He never thought that I would become a pastor.

During my student years, I loved to read Bible more than studying. I liked doing church work rather than school assignments. I firmly believed that my life was like that of clay, which God molds. I knew that my clay-like life only has its meaning when put on God's hands. I was so assured that he will mold me and strongly believed that if I seek His Kingdom first and His righteousness, He will provide me with everything.

I had many friends of faith. During our senior year in highschool, while others were concentrating on their studies, my friends and I went to church retreats and sought God's Kingdom first. God had blessed all my friends who devoted themselves to Him. And same with me, God transformed me who was like an earthy jar into a treasure vessel.

Enrolled in a seminary as vowed

After finishing highschool I entered the department of theology at Anyang University wanting to become either a pastor or a missionary. I didn't stop working when I entered the university, I mean, I couldn't. I worked and slept at the Bible Publishing Company that was located near Heun-In Tomb and near a leper's village. Since freshman year in the seminary, I led a Sunday school as an evangelist at a church near Changdong. I gathered kids by walking around the town playing a drum. Afterwards I served as an evangelist in several other churches.

I spread the Gospel in the Bible Publishing Company. I sang praises and studied Bible with the workers who came from other regions. I lived very hard. I shared the Gospel at church, school, and at workplace. Everywhere seemed like a place that needed ministry especially the vast world outside the church. Even though my circumstances changed from being a worker at a sauna to a student, and to an evangelist, the fact that I shared the Gospel, did not change. I realized then that God's Word never changes even if the world changes and that I should spend my entire life spreading this one word, "Believe in God…"

At Anyang University I served as a head of the student council. It wasn't me who wanted to run the student council but God. There used to be continuous protests back then. And after becoming the head of the student council, I tried to make Anyang University a "university of prayer." I went with all the members of the student council to Mt. Garmel Oratory in Anyang and discussed about the school issues. I believed that the society that we had to achieve was as that of Shalom Community's, where God's love resided. Our goal was to create a community of peace. Of course justice had to be established in order to create Shalom Community. Righteousness must flow like a river. Shalom Community can be made only after establishing God's justice. However I doubted that God's justice will be made in the midst of chaos and protests. Seminary students must know that they must truly depend on God. I believe that as a Christian, one must acknowledge that only God is the ruler of our lives, the universe, and history. Anyways, after becoming the head of the student council, I didn't have to pay for tuition for 2 years. I lived a church-oriented life even as I served in the council. When I did my ministry in DaeHeung Jaeil Church I stayed there and tried my very best.

I met my wife, Jungnam Park, when I was an evangelist. My wife and

I met after 40 days of intensive prayer. We didn't know we were praying for each other, we just prayed because we felt the need to pray for life's companion. My wife used work in the military as an Instructor at the Army headquarters. She had a very strong soldierly mindset. But even more than that, she had a stronger Godly mindset. My wife who majored in theology, served as an evangelist for military church. She was so enthusiastic and had an optimistic faith that she brought forth revival which resulted in causing 100 soldiers to attend the church (started off as 12 attendants). My underclassmate from our seminary introduced me to my wife and one day I was to meet my wife in front of postal office near the Army Headquarters. When I was 15 minutes late to the meeting place, I didn't see Ms. Park anywhere. After waiting for 45 minutes, I called my underclassmate who gave me her house phone number. When I called her I complained, "How can you let a busy evangelist like me to wait outside for so long?" and to this she replied, "Soldiers don't wait longer than 5 minutes." We met the next week and after dating for 4 months we decided to marry. The sweet newly-married life did not last long. God told us to plant a Church and to that we obeyed.

The seven who served as priming water in church planting

Initially I had no plans for starting a Church. Even as a seminary student serving as an evangelist, I was planning on becoming a missionary. The mission field that I had in mind was the former Soviet region. I even contacted and inquired the Mission for Soviet for specific region and the type of ministry that was needed. Proverbs 16:9 "In his heart a man plans his course, but the LORD determines his steps." As we could see through this verse, my plans and God's guidance were different. 4 months into our marriage when I was riding a bike around my house in Incheon, I felt fire pouring down on me. I experienced the presence of the Holy Spirit and knew that there was nothing that I could do with my own strength. So I prayed with my wife. In our prayers we became certain that God wanted us to plant a church. God wanted me to share the Gospel to the lost souls with all my life and that's why he wanted me to start church-planting. It became very hard to plant churches nowadays, and back then it was hard as well. The process of starting off as a newly-planted church to become an independent church was a very difficult one. I watched many of my seminary peers fail in church-planting. However, God's calling transcended all kinds of unfavorable circumstances.

We put our "honeymoon room" up on sale right away. It was our love nest that we bought for 14 million won. Interestingly our room was sold quickly and on the next day we bought a 178 m2 big basement office near a mountainside at Juan 5-dong, Incheon. It was not somewhere near the road but was located behind a shabby complex. We placed 4 layers of Styrofoam on the floor and bought a wooden signboard that only costed 50 thousand won. It was a very poor church and it seemed like it represented my childhood life. But now Jusarang Church is located in the wealthiest and most famous town in Incheon, the Songdo International City. It took 16 years get that far and it was totally God's grace.

I know what it's like to plant churches and I sympathize with church planters because I've been in that situation myself. So these days, thinking about how hard it was for me to plant a church, I'm trying help out pastors that are planting churches. When the pastor from the church I served as an evangelist heard about my church, he was surprised. "Pastor, I started a new church yesterday," then the pastor replied, "What? Wow, you are really a man of mystery, Evangelist Jang," and he blessed the future days for me and my wife. We started the ministry with great passion. On the first Sunday service, there were about 15 attendants. Even though we worshiped under a dim atmosphere with no chairs and podium, my soul rejoiced because I was satisfied with obeying God's calling. But the harsh reality struck us the next week as 8 of attendant did not come.

With our few church members, my wife and I would go to Mt. Cheonma Oratory to pray. "Dear God, we want to build a healthy church that could build up a nation. We will work for your glory, please grant us the opportunity. " The prayer of our church members had great power and in a year our church grew, having 80 church attendants. The people in the town took interest in our church as they saw the revival take place.

The promise kept after 4 years of church planting

I truly respect those who plant churches. I'm not saying this because I've done it myself. God's temple should be established in countless amounts. If everyone avoids starting a church then God's temple will vanish from the earth. Pastors should be equipped with pioneer's mindset and a creative mindset. Seminary students should overcome the temptations to do easy and comfortable ministry. They should be determined to start a church at least once in their lifetime. However the reality of starting a church is very harsh. It's hard to find those who come to church solely by their own will. Everything must be poured out into the ministry. In order to succeed one must do ministry for life. Starting-churches must use more strategic strategies than the existing churches. We must use brilliant tactics to share the "unchanging Gospel" to the "ever changing world."

After starting our church, I immediately opened a Celebrity Invitation Gathering. It was a strategic way to tell people about our church. We invited Dongjin Lim, who became a pastor, Presbyter Insu Han, Senior Deaconess Youngsook Jung and Sunja Choi. We prepared everything for the event, but I worried that there won't be many people. With the earnest heart as that of Zacheus' who climbed up a tree to see Jesus, I started to think about ways to gather people.

We decided to install big banners that had our church name all throughout the streets. People who saw the banner took interest, "Where is this Jusarang Church? I should better take a visit." Thankfully the Celebrity Invitation for Newcomers was very successful.

I always rode a bike after the early Morning Prayer. Samcheonri Bicycle was my private vehicle. Roaming around the town, I would pray for newly opened stores regardless of whether the owners were believers or not. If the owners didn't want to receive prayer, I stood in front the store and prayed by myself. I sincerely wanted the stores to thrive. People from Juan 5-dong, Ganseok-dong, and Dohwa 2-dong all started to know about Jusarang Church. This naturally helped our church to revive. Every week newcomers came to the church and the basement hall became full of church members.

On the 4th year anniversary of our church on January 1st, 1995, I heard a small voice from the Holy Spirit during my sermon. "This year I will build Jusarang Church from ground up. I will give you 330m2 worth of space where you could worship." I immediately declared during my sermon, "God will bring us up to the ground this year. Let's us take this opportunity!" After the sermon, I looked around Juan area, but I didn't find any office building that had 330m2 worth of space. I wasn't discouraged, though, but prayed more earnestly thinking about our faithful God. Seasons changed from spring to summer, and came the fall. There was no sign of the promise coming true. There were times when I doubted God. Then one day, after the early morning prayer, I saw a new building being constructed in Dohwa 2-dong. That moment I had a conviction that the building was being built for us.

"Don't pray anymore because it is too painful"

I was so overjoyed to see that building under construction. However that joy didn't last long. The landlord stubbornly said the building was not for church rent. The landlord himself was a presbyter at a church in Incheon however he was firm in his stance to not give a rent for church. Jusarang church members and I didn't back down. We firmly believed that the Holy Spirit had already promised to give us the 330m2 building for church. So with faith, everyday after early morning prayer we went out to the construction site and prayed. "Lord, just like you promised, let us worship you in this building. Isn't now the time for us to worship you on the ground?" Many days passed since we went out to pray for the building. One day an older sister of the landlord came to us and said, "Pastor, please stop praying. My brother, although he's a presbyter, he's such a stubborn man. He won't listen to anyone and he'll stick to his words only." I replied, "Don't worry, we're only praying to God. He will take care of things."

As the construction was finishing off, we saw that the landlord was making the 5th floor ready to be used as a home. This made me think "Let's see who wins," and I started to pray even harder day and night. Finally one day the landlord came to me and said, "Pastor, I am just amazed. You won. But pastor, do you have money to rent this place?" In my heart I was shouting with joy and said, "Our Father is rich. Let us sign the contract." The landlord added, "Pastor, you and your church members have touched my heart. Come and build a great church for God," and he allowed us to rent the place.

Although I signed the contract, we didn't have money for the rent. But I had faith that God will provide us with everything we need. While we were trying hard to gather up money for the rent, one deaconess who was living a hard life gave 5 million won as an offering. It was a big money for her, however she said she received God's grace and wanted to give the money as a "seed offering" for the rent. We later realized that the deaconess had a son whose eyesight was very bad. Surprisingly after my prayer for the son, he recovered his vision miraculously. Being so thankful for her son's recovery, deaconess decided to give an offering for the rent. This spurred on others to give offerings as well. In a short period of time we received 85 million won and we were able to rent exactly the 330m2 space of the building. Hallelujah!

I experienced through my life and ministry that God works when we fully give ourselves to Him. Giving something is not limited to only financial issues. Moreover it's giving every aspect of our lives to God. My wife also lived a giving-life. Before marriage, she gave her savings that worthed 4 million won as an offering. After offering all of her savings, she said she felt like flying. She heard God's voice saying, "In the future I will make you free from financial concerns. I will bless you and your family and your ministry." Up till now we are living a life of giving because we know the truth that God will fill our needs when we give with pure heart. We could get free from the capitalistic and materialistic values that have clearly engrossed today's society, when we offer God and share with neighbors with what we have.

Becoming a homeless shelter

After 4 years Jusarang Church started, we were able move from basement to ground. Through this process, my church members and I realized what it means to depend only on God. It was an experience that could not have been bought with money. We didn't have anything tangible. However we had "cash of faith." Although we have nothing at the moment, God will provide if we have firm belief that He will fulfill his promise. I consider the person, who lives his present moment believing that certain things will come true in the future, as a wise man. When we think about the salvation we will gain in the future, even the hardships in life will become blessings.

I always emphasize the spiritual blessings rather than the physical ones. I want my church members to enjoy not only blessings on earth but also the ones in heaven. As God's people we must pursue the glory from heaven, just like Moses and Apostle Paul did. The success or failure of our life gets decided in Heaven. Christians should hope for Heaven, not large apartments. We must believe in the Word that God will provide us with everything when we seek first His Kingdom and His Righteousness. Even if my ministry seems to be always successful, it will be meaningless if the Lord does not come out to greet me in Heaven. That's why we should pursue spiritual fullness over physical fullness. And that is the reason why I'm enjoying my ministry.

Our church has continually developed. 2 years after our church got moved to the ground in 1997 we were able to prepare a 5 story building (1 basement floor, 4 ground floors) in Ganseok 4-dong. It was God's grace that allowed such development. A year after moving to Ganseok area, IMF hit Korea. The whole nation was full of homeless people. God told me "Take care of the homeless," and I obeyed right away. We made the first floor and basement floor a shelter for the homeless, and provided them with food and a place to sleep. The ministry for the homeless lasted 7 years.

At the time there was a wall between our church and a neighboring apartment. The homeless people who came to our church had also gone into the apartment and this brought forth complaints from residents of the apartment. I participated in a meeting with the apartment residents and told them, "Imagine if these homeless people were your fathers and husbands. We should accept them. Let's go together." Some resident agreed with me, but some didn't and this cause a wall to be built between our church and the apartment.

Our homeless ministry became well-known to the point that it was broadcasted on TV. However, as our church got wrongly perceived as a Homeless Ministry Church, evangelism got hard and many church members left. But I couldn't disobey God's commands. My physical body was in a poor region of Incheon, but my soul was in the vast wilderness. It was our vision to build a church that was responsible this generation. Very often I would go with my church members to a high place where you could see the whole of Incheon to pray. While looking at the bright lights coming out from apartments I prayed, "Lord, I also want to do ministry in apartment complex. I want to be properly used by you." Doing ministry in apartment complex was not my dream. I just wanted to do ministry for the glory of the Lord, in a larger scale. Like a child I clung onto God. As I prayed I started to see with my heart the Songdo International City.

To a new city called Songdo with a vision again

My wife and I, and the church members had a vision for Songdo city and prayed earnestly for it. If it was God's will, although it seemed challenging, we trusted that He will move our temple to Songdo International City. 4 years ago, arriving at Incheon Airport after finishing a revival conference in the US, I felt fire bursting in my heart. I took that as God's sign and immediately called our church manager. "Can you go to Sondgo Urban Development website and check whether there's any bidding on estate for religious affairs?" My intuition was right and there was an announcement about "religious-affairs estate" open for bidding. We prayed hard and hoped that our decision was out of God's will. Many churches and people participated in the bidding which made the bidding difficult to win. We had nothing but to pray. On the day of the bidding, God gave my wife a sign. My wife saw a vision while she was praying with the church members. "I was racing with many others in a stadium and when I was running towards the finish line, God raised my hand high up." My wife was certain that we won the bid.

Like her vision we won the bid and got the very center place of Songdo. I fell on my knees and prayed, "I will raise up a church that gives you glory forever. I will make it your church." After winning the bid I gathered up money from here and there to pay for the contract, however we had no money to construct a church building. But who is our God? He has already prepared everything to build His church in Songdo. Through one deacon in Seoul, I was able to receive a Yen currency loan with a low interest. For us the only "money" we had was the "cash of faith," however that faith became a more powerful asset than any financial things.

Before constructing a church, we built a container hall and put up a cross. It was the first cross light in Songdo. On Sundays I would go and do ministry in both Ganseok-dong and Songdo. For the past 4 years, church members and I prayed in the Songdo container hall everyday.

"Let there be Jesus' blessings in Songdo. Let Songdo be a holy city where His glory resides. Use us for that purpose." As apartments got built and people moved into Songdo, there were many people who visited the container hall. We increased the number of container boxes up to 4. Meanwhile the church construction went smoothly and although not finished, on Dec, 24th, 2005 we gave our first worship at the new church hall. Winter that year was very cold. Because the church was not fully done, there was no heating. But coldness was not a problem, for we gave God all the glory and worship Him in awe. I bet the pilgrims who arrived in America on Mayflower felt the same way as we did then. God's word and the anticipation for the new beginning made the cold go away. This is how brilliantly Jusarang Church started in Songdo. Even to these days I dream that Songdo will become a great city where God's glory dwells. This is my testimony and my hope.

Going toward a big dream of world mission

Songdo International City was our Promise Land. I would sometimes wonder why God has sent a person like me to Songdo. Songdo will become crucial to Korea's economy in the future. Atmosphere like that of Manhattan's will be formed in Songdo. Through Songdo, I look beyond

Korea and look at the world. I look at China. I am so sure that it was God's intention to build Jusarang Church in Songdo. I know that God wants to wake the generation and do great things for the world missions through Jusarang Church. Jusarang Church makes God's dream come true in Songdo.

Currently Jusarang Church, which has a 4 story building with a basement floor, consists of 1200 attendants on Sunday service including the children. We are not satisfied with this. In the future we are planning to build a hall that could fit in 12 thousand people. I really hope that our church will develop into an influential church and there's only one reason to that; to make Songdo a temple where Jesus Christ's soul remains. Only for the glory of the Lord!

Jesus Christ changed the color of my life. From life as a grey light, he changed it to the one with golden light. Through my life experiences I felt my life changed after Jesus came into my heart. That's why I shout, "We have to meet Jesus. If we meet Him our miserable life will change into a glorious one!" How can I explain my life without mentioning Jesus? My life totally changed after Jesus came into me. My life is a miracle that happened as God's Word entered my heart. That's why I preach in a way to help church members conceive God's Words. I preach with faith about things that will happen in the future that is evident in our lives today. I help people look at hope that is found beyond the hardships and pain.

My mother, who is 83 in age, receives praises from the people around. My mother's past was filled with pain and sorrow from great poverty. When

I was little, all the adults in my village pitied our family. Everyone took pity on Gokjae's (the way villagers called my mother) son, Sang-gil. Those adults gave me rice or kimchi when they saw me. However, as days passed, my mother's life changed. Now she's happier than anyone else in the village. And her kids all grew up brilliantly.

Gokjae's youngest son, Sang-gil who was pitied, became the first pastor in the village and now does ministry for the salvation of the souls. The villagers say "Gokjae's family is blessed after they believed in Christ." Yes, our family is blessed after believing in Christ. Jesus got rid of the greyish air that used to cover up our family and made us clean from it. Every May 8th I would throw big feast for the elders in my hometown. I've been doing this over ten years. I'm doing my best to serve those who helped me in my previous years.

Life is about encountering. My life changed through my encounter with God and Jesus. I can't express how rich my life and ministry got through my encounters with spiritual companions of Jusarang Church. I thank them sincerely and give all this glory to God who is the ruler of my life.

就将未来的现实当做现金

松岛神的爱教会 張相吉 牧师

我靠着那加给我力量的，凡事都能作(腓立比书4:13)

照亮灰色有幼年期的光

有一天，我问妻子什么是谦卑。这一词我们经常使用，但却是不容易定义的概念。妻子说："我认为谦卑就是知道并承认，自己里面，靠着自己的力量，能够讨神喜悦的什么都没有"。我忽然领悟到，人们虽然为了能够活出有意义的人生而在奋斗，但却没有任何良善能够讨神喜悦。这就是人类。彻底认识到：人类作为极其有限的存在，若没有神的帮助就断不能活下去的，就是谦卑。

在真正的谦卑里能够经历到恩典。若想到：神抬举使用我这样的完全无能且无益的存在，就不得不使用恩典一词。"谦卑与恩典"这就是我人生的第一个关键词。

我的告白：我是'若没有主的恩典'就全然不能活的人。我原本一无所有，一无是处，但却蒙主的恩典成就了现在的我。正如保罗所告白的那样"我今日成了何等人，是蒙神的恩才成的"。我的人生始于灰色。我的童年是即穷又不起眼。身处的环境，简直就是寻不到任何所谓好的。童年的灰色，到了少年，到了青年也没有什么改变。贫穷仍旧紧紧伴随，困难仍旧重叠在一起，成功与幸福与我毫无关系。我的童年，少年，青年时期的颜色虽然一直都是灰色，但这一切都只是外在的现象而已。虽然身处昏暗浑浊的环境里，但我的里面却是经常明亮的。是主，是主的话语，越过了环境照亮了我的内心。自从主的光照亮了我，我就有了胜过环境的力量了。生活虽然一直都困难，但我的里面却流淌出了赞美。"然而他知道我所行的路，他试炼我之后，我必如精金"（伯23:10）。这就是照亮我人生的话语。在主恩典的熔炉里，我灰色的人生变成了黄金色。不仅是里面，外在的条件也改变了。曾经穷困的少年，现今已经成为了牧会者，而且还是在韩国最为能动性的仁川廣域市松島新城的神之爱教会的主任牧师。这一切都是出于神诸般的恩典。

我出生在全羅南道 高興郡 道德面 柯也里街上部落的小村庄。这是张氏聚居的，不足百户的氏族村庄。在这里能够真切地体会到什么是贫穷。我家在这里是倒数第四穷的。贫穷成了我的密友，在漫长的岁月里一直都与我形影不离。我的父亲虽然耕种了一点地，但在我念小学4年级的时候就去世了。我家孩子是四男一女，我是最小的。张相吉的人生条件是荒废的，真可谓是一无所有。但主的恩典之手，却伸向了如此的我。

7岁时去的教会，改变了人生

我人生的转换是在7岁的时候开始的。主找到了年幼的我，从此我的人生就开始分为了BC和AD。我是还在一无所知的时期，在我们家里最先来到教会的。我们村是佛教与儒教盛行的村庄。我们家作为传统家庭，与神有着很远的距离。村里最穷的那一家，第一个接受了福音。我们称那家为'路边之家'。我们村的松子奶奶与她的女儿接受了福音开始去教会了。她们去教会的时候叫了我。"相吉啊，上教会去吧"！这叫声乃是神在我的人生里开始动工的呼召。我们村当时还没有教会，所以要到邻村建在麦地上的帐篷教会里去敬拜。这个教会是信徒不过8-12名左右的迷你教会。当时有一位年轻的传道士在那里侍奉。我也不知道出于什么原因，就开始跟随传道士了。我成了我们家的第一个亚伯拉罕。

我从小开始蒙受福音恩典，不间断地来到教会。在教会我最喜欢做的事就是敲钟。参加晨更祷告和周五的彻夜祷告会时，敲钟是特别有趣的事，我从来都不舍得被别人抢去。那钟就好比是村里的钟一样，一直都很准时。

从我家到教会步行需要40分钟左右。前往教会途中，我就唱赞美，这也是我最大的喜乐之一。我也积极参加了彻夜祷告会。虽然我对于祷告还一无所知，却也像耶利米书33:3里所说的那样"你求告我，我就应允你，并将你所不知道、又大又难的事指示你"，不停地向神呼求。哭着祷告之间，就到了早晨4点多钟了。那时往家走时天已经露出了曙光。在黑夜里看到一丝曙光，再看到太阳冉冉升起逐渐照亮大地的光景委实很壮观。我边走边祷告说"主啊，求你成为我人生的光，求你怜悯我"。

到了主日，我就会围绕村子转上一圈，喊上那些小伙伴们说"走啊，到教会去吧。教会里有饭吃。快走吧"。因为太穷，所以小伙伴们能够来到教会吃上一顿饱饭也是很高兴的事。当时就是穷到这个程度。

小学毕业之后，我们家孩子们都来到了汉城。我们家四男一女的子女中，没有一个正式小学毕业而进入中学的。为了赚钱糊口，都不得不来到汉城打工。当时，我们村有21位小学同学，其中就有7人因着贫穷而没能够进入中学。

我14岁的时候来到汉城，就生活在崇仁洞与新設洞之间的清溪川8栋的后巷里。我大爷家的姐姐当时是一个叫青平铺的店铺老板娘。我当时就是赖在她家里的。因为得赚钱，所以几个月之后就来到東大門區昌信洞的涯園澡堂里作了服务生。我的工作是收票，擦鞋，招呼客人等杂活。我当时就住在澡堂，每天早晨4点多就得起来给洗澡池注水。晚上7点多，客人都走了之后还要搞好卫生，等搓澡大叔和老板走了才能睡觉。我每天虽然很忙碌和劳累，但却有着两样不离手的，就是圣经和英韩词典。

忍耐形成"即或不然"的信仰

我一旦有空就读圣经，背诵英语单词。我读了又读，背了又背。我当时立定心志，一定要重新上学。想妈妈了就到中央市场转上一圈，然后到教会祷告。每当想起自己凄凉的身世，就有悲凉涌上心头，心里不断的念叨着"妈妈，我想你，我一定多赚钱好好奉养你"。

汉城2年期间，我不停地忙碌着干活攒钱。经常忍受着饥肠辘辘，却想象着灿烂的的未来而忍受了当时的苦难。我一直仰望着内住在我里面的主，为了自己人生的未来而热心生活着。我经常畅想着主在我心中编织的梦而唱诗。现实很难，但仍有赞美流淌出来。忍着忍着就生出了忍耐。 忍耐生老练，老练生盼望。经过这般过程的人生，必然会像精金一样发光。后来，想起当时的经历真的对我的人生带来了极大益处。

我在很小的时候就经历了人生当中的许多。我看到过大爷家姐姐带着新媳妇们卖酒的场面；也看到过临终前还在争斗的人们。每当想起小的时候，就会有很多情节像电影一样浮现在脑海里。

当时我的月薪为1万3000元韩币。我虽然攒了2年多的钱，但还不够在汉城上学。于是，我在1974年重新回到家乡上了中学。我在中学里刻苦学习，信仰生活也过得很彻底。虽然我是中学生，却在乡村教会里作为教会学校副教师来事奉的。我一边上学，一边种地，一边砍柴，还为别人家放牛。我尽管很努力，但令人厌倦的贫穷却一直没有离开我。在这般的贫穷里我向神呼求，直到膝盖都成了骆驼膝盖那般，一直向神祷告。我在贫穷中过着忍耐的生活，就如挪亚不顾周围环境一直默默地建造方舟那样"我的人生里也会有复兴的大雨倾泻的时候，总有一天神会扭转我的人生。流泪撒种的必然会欢呼收割"我每天都重复着这话，凭着信心过了下来。到了78年9月，我再次来到了汉城。虽然不忍心丢下老母亲一人在家种地，但不甘心自己就这样被埋没在乡下，所以还是忍痛离开了家。到了汉城我过上了彻底的教会中心的生活。当时，我出席的是花陽里香光教会。我出于'热心就是特心'这般的想法，而热情地投入到了教会生活当中。教会随同江南开发而迁移的时候，我也跟着去了。中学的时候是作为教会学生会会长，高中的时候是作为总务来服事的。到了学校之后，每日我都会传道一个小时，也与那些信心的朋友们一同唱了福音诗歌。其中有位叫刘贤雄的朋友，毕业于庆熙大学声乐系而今在美国从事赞美事工。我经常与那些没带午饭朋友们一同分吃着，一同赞美了神。环境依然很困难，但我在赞美传扬他的生活中里面却沉浸在很深的平安里。

虽没有不艰难的时候，却很平安

汉城生活真可谓是很激烈。为赚取学费我不得不卖鱼，送报来赚钱。那时，我每天3点半就得来到鷥梁津水产市场批发鱼，到江南AID公寓等地贩卖之后再去上学。期间我也得到了一些经验，就是水好的鱼是怎样的，怎样的姿态才能卖出更多的鱼等。另外，我寄居在日报的江南支社时还送过报纸。当时有70多名的送报员挤在一间屋里睡觉。当时每天4点钟就要来到报社领取报纸之后配送到狎鷗亭洞现代公寓的 21和 22

栋。当时，我配送的是360份，随着时间的推移我渐渐成了报纸配送的达人。所谓熟能生巧，后来我能够迅速的将报纸送到各家门口之后，就像坐电梯一样快速下来。配送报纸的时候，我也有所领悟。那就是在小的事，只要能够创意性的积极地去做，就能成为该领域的专家这般的事实。我体会到：为了成为服务，牧会，经营，政治等诸般领域的达人，就要忠诚于小事。

报纸配送结束之后我就到附近小吃部里吃一份300元的大麦饭加酱汤，然后再去上学。教会因为是在江南，所以我的亲友里没有像我那样穷的。大部分的学生都富有。我偶尔也会到生活在清潭洞，鹤洞，三成洞等地方教会朋友家里做客。我看着朋友们的富有生活，有时候真的很自卑，有时候甚至于都无法忍受自己的凄凉身世。每当这时，我都会来到教会痛哭一场。我边哭边唱诗，尤其是爱唱那首'近主十字架'。赞美里有着惊人的属灵力量。在赞美中，我的那些自卑，痛苦就会渐渐消失掉了。当时，肉身很饿，但却能感受到灵里的饱足，使我不能不感谢神。赞美过后，就开始祷告。我的祷告经常都是一样的，即"神啊，您也祝福一下相吉吧。神啊，您终究会大大地祝福我吧?主啊，我爱你，爱你"。我是哭过之后又唱，唱过之后又祷告，又因着沉浸在恩典里而哭。就像如此，我在初高中的时候经历到了在赞美中感受到自己的灵魂变得清爽了。所谓熟能生巧，因为唱的多了以至于几乎都能把赞美诗背下来了。我最近也经常会唱人们不怎么唱的唱歌型赞美诗。以至于有人问到"你啥时候学的这样的赞美诗呢?"说实话，我的乐感并不好，也不会看乐谱。以至于经常后悔没有正式学过音乐。但我是随着我灵里的状态，属灵的感觉来赞美的。我在属灵的状态里赞美时就会意识到圣灵临在的事实。我可以断言，那般的喜乐真是任凭什么都换不来的。

回首往日，我的生活总是很困难。不仅在经济上困难时，就是相对富裕些的时候困难也是不留余地的找上门来。无法抓住的总是就在近处。真可谓是讽刺一样的生活。本以为解决了一个问题就会万事大吉了，哪曾想刚解决完一个问题，接着就有新的问题难为我。人生就像解决众多的问题。我不曾想要除掉困难和问题。我反倒是在问题中渐渐有了确信，只要能够发现在主里得享平安的妙法就能活出幸福的人生。我在想"在复杂的人生中进行属灵的妙手解答"不就是信仰生活吗？

神不会失误

诸位是否知道奉献生活的喜乐呢？施比受更有福。借着分享，奉献的生活，可以真实地感受到神国临到这地的事实。我从小开始就过了奉献生活。虽然很穷，却也精心准备了奉献，过着为神献上的生活。我从小开始训练，为神献上财物，献上自己的人生。我读初高中的时候不买公交月票而走着上学，并将省下来的钱做了奉献。借着这般精心的奉献，我彼比谁都先蒙到了很多恩典。我省下买月票的钱预备奉献，然后走远路进入教会大门时，感受到我里面的主的灵在喜悦。我经常问圣徒"你们是否做过使你们里面的灵过于喜乐而无法入睡的奉献吗？"我在周六晚上精心准备着奉献款，并因着能够为主献上而高兴的整宿都睡不着的时候，决不是一两次。我越来越确信：到了时候神一定会祝福我！也许这看起来像是祈福信仰，但我确信只要我彻底地仰赖神并献上一切的时候，神一定不会辜负我。我相信神是绝对不会犯错误的。有一首我特别喜欢的赞美就是题目为'神是不会有错误的'。正如这首赞美诗，现在的生活固然有些黑暗，但我相信耶稣会成为我的新郎，一定会在我的里面造出喜乐并会赶走我的一切黑暗。

"信是所望之事的实底，未见之事的确据。"我在童年与少年的困境中绝没有挫折。但这并不是说我没有受到挫折，而是说主体的耶稣进入到我的里面为我所造的喜乐，才使我没有挫折。耶稣成为了使我能够在任何情境下也不至于跌倒，并一直向前行进的原动力。所以，我禁不住自己呼喊说："耶稣我爱你"！

我在中学时参加的CCC冬季修炼会上受到从圣灵而来的洗礼。当时，我被'像是天门大开，天使降下来一般的'恍惚的情境所笼罩着。当时，我向神许愿祷告说："主啊，我要献给你，我要成为牧师或宣教士，一生都要传扬你的美名！"这就是我的许愿。我们教会的牧师说，当时只知道我是一名积极的学生，却做梦也没有想到我会成为牧会者。

在学生时期，比起课本我更喜欢读圣经，比起学校的事更喜欢教会的事。我的人生有着坚固的信心，就是自己像一把泥，而陶造我的就是神！我相信自己泥土一般的人生，唯有在神的手中才会有意义。我确信神一定会陶造我。我相信"先求神的国和神的义，神就会加给我所需的一切"这等应许。在过去的岁月里我交往了许多信心的朋友。高三时，其他学生们都在积极复习备考，但我与那些有信心的的朋友们却参加而来修炼会而先求了神的国。回过头来一看，竟然发现当时为主献身的所有朋友们的人生，都很明亮。当然，我的人生亦是如此。神已经将我这般卑贱的器皿，变成了贵重的器皿！

按着誓约进入神学科

高中毕业之后，我考入了安養大学神学科。我照着自己的许愿，为了成为牧师或宣教士而进入了神学院。我读神学的时候也没有停止打工。在当时的麻风病人村的獻仁陵附近的家具工厂内的圣经工厂里吃住打工。在我读神学院一年级开始，就在汉城仓洞的一间教会里带领了主日学。每到主日的时候，我就绕着小区敲着鼓聚集了孩子们。后来我又在几个教会里做了传道士。在圣经工厂里也热心地传福音。我与那些从地方上来的职员们一同赞美，一同学习了圣经。当时真可谓是激烈生活的时期。在教会，学校，职场上，都热心传了福音。我所做工的场所真可谓是遍布天地。不仅是教会，整个世界都成了传福音的巨大的基地。搓澡工，工厂职员，学生，传道士，我的身份环境虽然在不断变化，但我传福音的事实却一直都是一样的。当时我领悟到：这个世界无论怎样变，神的话语却不会变，而我一生里所要传讲的一句话就是'你要信耶稣'这个事实…。

在安養大学里我作了总学生会会长。事实上，这并不是出于我自己，而只能说是神让我成为学生会长的。我上学的那一时期，校内就没有停止过示威。我成为学生会长之后就致力于使学校成为祷告的学校。我与全体代表们来到安阳迦密山祷告院，边祷告边商议了学校的事。我相信，我们最终所要成就的社会乃是有神爱居住的平安的共同体。'打造充满平安和平的共同体'才是我们的目标。当然，为了成就平安的共同体，首先得形成正义，使公义如江河一般流淌。唯有成就了主的正义时，才能打造平安的共同体。但我不认为靠着示威能够成就神的正义。作为神学生，首先所必要的事项就是完全仰赖神。我确信：即便不是神学生，但作为基督徒也要思想，我们不是主体，主才是人生和宇宙以及历史的主人。但不管怎样，我因着成了学生会长而蒙受了免除两年学费的恩泽。我在作学生会长时，生活仍旧是以教会为中心。我在大兴洞大兴第一教会事奉时干脆就吃住在那里，全身心地投入到事奉里。

我在作传道士的时候，遇见了我的妻子朴政南。我与妻子是在为结婚而定的40日祷告之后遇见的情侣。当然，我们当时并不知道彼此都在祷告的这一事实。双方只是都为求结婚对象而祷告了而已。妻子是职业军人出身，曾经在陆军本部作教官。她是军人精神鲜明的女性。但在军人精神之前，她是'神的精神'更为鲜明的女性。读了神学专业的妻子，在主日里就在部队神友会中作为传道士来事奉的。她是在两年里就从12名军人圣徒，复兴到100名的积极肯定的信仰人。出于神学院学弟的介绍，我们约定在驻扎陆军本部的新龍山邮局正门前第一次见面。我当时约迟到15分钟才到的约会地点，却不见约会对象。接下来我又等了约45分钟之后才从学弟那里得到了她的电话号码。我在电话里埋怨说怎能让我这么忙的传道士空跑时，对方却斩钉截铁般的回应："军人从不等人超过5分钟以上"。我们后来在下周见了面，并在4个月过后就结了婚。但我们甜蜜的新婚生活并没有过多久。因为，神命定我们出去开辟教会，而我们只能顺从神如此的呼召。

7个人成为建立教会的引水

当初，我并没有想开辟牧会。因为我读神学的时候就打算成为宣教士，到前苏联地区去宣教。为此我还曾经到苏联宣教会那里仔细地咨询过。但是，正如箴16章9节所说的"人心筹算自己的道路，惟耶和华指引他的脚步。"我的计划与神的引导却是不同的。我在结婚过后约4个月的时候，骑着自行车围绕我在仁川的家周围时，忽然感到有火从天而降。我感受到了很强的圣灵的临在。我的心态靠着我自己的力量根本左右不了了。于是我就与妻子一起开始祷告。祷告中我们开始确信这是神在令我们出去开辟教会，去向那些失丧的灵魂传福音。现在开辟教会更难，但当时开辟教会也是很难的。开辟教会并使其成为成型的独立教会，绝不是一件容易的事。我也看到了很多同学在开辟上失败的样子。但是神的呼召超越了一切环境上的条件。我们随即就腾出了花了1400万元预备的新房。新奇的是新房很快就租出去了。第二天我们带着这钱来到仁川廣域市朱安五洞的山上小区里，租下了一间54平方的地下办公室。这是不临街，而是位于在工业园区后面一个偏僻角落的 非常简陋的屋子。我们在地面上铺了四层泡沫塑料，然后挂上了5万元韩币的教会木制牌匾。实在是太穷的教会了，正如在象征我以往的贫穷岁月一般。但如今的'神之爱教会'却是位于在仁川最富有的小区，也是比任何地方都有望的松岛新城里。16年间，环境真是发生了天翻地覆的变化。这完全是出于神的恩典。

正因为，我在贫穷的小区，贫穷的教会里作了开辟事工，所以深知那些开辟教会牧会者们的的难处。在无论怎样努力也不见得有所改变的环境中，牧会者们真是不仅肉身疲惫，甚至于都会感到灵魂在枯竭。最近，我一直想着开辟教会时的困境，所以在努力服侍那些开辟教会的牧会者们。不管怎样，我们夫妻结婚4个月就结束了甜蜜的新婚生活，而成了开辟教会牧会者夫妇。

我们的牧会是仅始于热情的牧会，而且还是仅凭传道士的经验根本无法做好的开辟牧会。第一次主日敬拜，有15人出席。当时，虽然在那既没有椅子也没有讲台的昏暗的地下室里敬拜了神，但我的灵却仿佛都飞到了天上。心中充满了顺应神呼召的满足感。 但是，现实却很冷酷。第二周主日敬拜时，却有8人没有出来。

我们夫妇带着没有几位的信徒，到天摩山祷告院等地方开始祷告。"神啊，我们愿意建立能够树立这个民族的健康教会。我们愿意为荣耀神的名来事工。神啊，求你为我们赐下机会"，信徒们的恳切祷告是大有力量的。开辟一年过后，就有了80位左右的信徒一起敬拜了。小区人们注意到，简陋的山上小区教会开始复兴了。

创立满4年时，神赐的约定

我比较尊重开辟教会的牧会者。主的圣殿当要在这地上多如众星。若是因为开辟教会困难而都不去开辟教会的话，主的圣殿终将从这地上消失的。当要以开辟精神，创造精神来装备牧会者。神学生当要甩掉安逸牧会的诱惑，而立志要在生平里至少会开辟一个教会。但也要知道，开辟教会的现实确实是冷酷的。最近，自己主动到开辟教会敬拜的信徒是越来越少。开辟教会的事工需要献上一切。为了开辟成功，真的是需要舍生来牧会。开辟教会比起稳定的现有教会，更需要使用战略性的策略。在多变的时代里为传不变的福音，是需要卓越策略的。

在开辟后不久我就举行了邀请艺人的聚会。这是出于向众人宣传神之爱教会的策略。当时，我还邀请了现在已经成为牧会者的林東眞、韓寅洙长老、郑永琡、崔鲜子劝士等人。一切准备就绪之后，我却有些担忧会没有人来。我真是心存'为看到耶稣而爬到桑树的撒该那般的迫切的心情'研究了聚集人的方法。

我决定在各小区里挂上条幅。于是等到了大半夜，就将写有'主之爱教会'名字的条幅挂在了各小区十字路口上。第二天，人们看到条幅之后纷纷议论："神之爱教会在哪呢？有机会去看看吧"。邀请艺人的新生命祝祭终于成功地结束了。

每天晨更祷告结束之后，我都会骑上我那三千里牌专用自行车转上小区一圈。一边走，看到有商店开门就为他们祷告。不管主人是不是信的，我都为他们祷告了。有人拒绝接受祷告时，我自己就在商店门外为他们祷告，真心祈求商店兴隆。这样以来没过多久，朱安五洞，間石洞，道禾二洞等地方，就没有居民不知道神之爱教会的了，教会自然开始复兴起来了。每周都有非信徒找到教会来，地下礼拜堂坐满了圣徒。

创立4周年之后的1995年 1月 1日，我正在证道时，听到了圣灵细微的声音"今年我要将神之爱教会迁到地上，我会为你们预备100平的空间，让你们在那里敬拜"。虽然是在证道之中，但我还是随即就对信徒们宣布："神在今年要将我们迁到地上去。我们要好好把握住这个机会"。礼拜结束之后，我就到朱安驿的临近地方转了一圈。但是，朱安驿附近根本就没有带100平办公室的建筑物。但我没有失望，仍旧思想着信实的神而致力于祷告上。可是，春天过去了，夏天也过去了，跟着秋天也到了，却仍旧看不到神的应许会成就的迹象。那时，瞬间也生发过对神不信任的情绪。但有一天，我结束晨更祷告从教会出来经过道禾二洞的三岔路口时，忽然看到一处刚刚建起的新建筑。瞬间，我想到了这就是为我们教会预备的建筑。

"真的很痛苦，不要再祷告吧"

我看到正在建起的新建筑真是高兴的不得了。但我很快就开始失望了。因为房主坚持不租给教会。房主虽然是仁川某教会的长老，但却是态度很坚决地不愿租给教会。但我想到，圣灵已经应许我们100平的礼拜堂，就下定决心凭信心坚持下去。我与圣徒们每日晨更祷告结束之后，就绕着正在建着的建筑物几圈，边走边祷告。我们在只是建好框架的建筑物里开口祷告说："主啊，您就照着您的应许，就让我们在这个建筑物里敬拜你吧。主啊，我们不也应该在地上敬拜您吗?"我们继续一日不落地祷告。直至过了几十日后的某一天，长老姐姐看到我们祷告时对我们劝说："牧师，你们不要再祷告了，没用的。我那弟弟说不租给你们就绝对不会租给你们的。他虽是我弟弟，但我想说的是他是一个很冷酷的人，就是用针扎都不会出血的。"对此我说："没关系的，我们也只是向神祷告而已。神会给我们解决的"。建筑接近完工，那位长老已经将5层收拾出来，开始作为了家居。我心想，咱们走着瞧，看看是你长老胜，还是我们胜。于是，接下来不仅是早上，就连晚上也开始了祷告。想一想，我们每天开口祷告的声音传到长老耳中时，他会是怎样的心情呢？有一天，长老终于找到了我们说："你们的热心打动了我，所以我同意租给你们。但你们毕竟是开辟教会，有进项吗？我心想这回行了，于是赶紧回答说："我父有钱，我们马上就可以签约"。我虽然这么说，但当时并没有租房子的钱。但我们确信神必会有预备。

　　我们正在积极筹款的时候，生活在 13平大杂院的非常困难的女执事居然一下奉献了500万韩币。这笔钱对她来说算是巨款了。这位女执事说："蒙了神的大恩了。我愿意将这笔钱奉献为教会房租的种子奉献款"。后来才知道，我曾为这位执事患了眼疾的儿子祷告过。神奇的是，经过祷告之后她的儿子眼睛真的就好了。她是出于感恩才做了这次奉献。在她的带动下，圣徒们也积极参与了奉献，于是在很短的时间里就有了8500万元韩币的奉献。我们用这笔钱终于租下了那100平的礼拜堂。"当我们完全献上时，神就会负起全备的责任"这一事实，我在生活与牧会过程里真实地经历到了。当然，献上不仅仅局限于财物上，而是献上我们生活的全部领域。我的妻子过的也是献上自己的生活。她将自己婚前攒下的400万元也全部都奉献了出来。她说自己奉献完走出教会时，就有了像飞上了天一般的感觉。妻子说她当时听到有神的声音说"在你将来的日子里不会再让你有财政上的困扰。我要祝福你和你的家庭，要祝福你的事工基地"。我们现在的生活仍旧是慷慨奉献的生活。因为，我们知道当我们纯粹地献上时，神就会更加丰盛的祝福我们这般的真理。每当我们向神献上，与邻舍分享的时候，都能经历到"从笼罩在这个社会的资本主义和拜金主义当中得着自由"的事实。

成为露宿者的安息处

神之爱教会，最终开辟4年之后就从地下转到了地上。通过这般的过程，我们真实地认识到什么是真正的依靠主。这是用钱无法买到的宝贵经验。外在上我们是一无所有，但我们却有着信心这般的现金。当时就算是一无所有，但只要确信"到了时候神必会预备"的话，神就一定会有所预备。我终于知道："将未来成就的事件，带到现实生活中的人才是真正有智慧的人"这般的事实。 这地上的生活再苦，但只要想到未来要成就的得救，那么痛苦也就变成了祝福。

我总是强调：比肉身的祝福更大的乃是属灵的祝福！我不仅愿我们教会圣徒们能够得享属地的祝福，更愿他们能够得享到属天的祝福。属神的人就应该像摩西保罗那样追求天国的荣耀。我们人生的成功与失败乃是在天国里决定的。基督徒的盼望不在于宽敞的公寓，而在于天国。要相信：先求神的国与神的义时，神就会预备所需的一切！

我认为：即便是牧会很成功，但若是到了时候没有主来迎接你的话，就是毫无意义。所以，比起肉身的饱足，更要追求属灵的饱足。所以，我的牧会总是喜乐的！

教会在继续成长。自从将礼拜堂从地下转到地上之后仅仅过了2年，也就是到了1997年，我们教会就已经有了仁川市间石四洞的地下1层，地上4层的建筑物。这真可谓是在神恩典之下的成长。我们教会迁到間石洞之后1年，就迎来了金融危机。全国到处都是无家可归的人。那时，再次有神的声音说："看顾那些无家可归的人"。我随即就顺从了！于是，我们腾出地下地上各一层来作为无家可归之人们的休息场所。凡是找到我们教会的无家可归的人，我们都安排了食宿。这样的事工一直持续了7年。

我们教会看顾无家可归之人的事工很出名，以至于都受到了新闻采访。但同时，也随着'无家可归之人教会'这样印象的扩散，传道也随之变得越来越困难，也有很多信徒离开了教会。但我不能不顺从主的命令。我的人虽然是在仁川的贫穷地区，但我的心却在广阔的旷野上。'越过仁川，建立一个能够对一个时代负起责任的教会'乃是我与妻子的梦想。我经常与教会圣徒们一同来到能够俯瞰仁川的高山之上祷告。看着公寓园区辉煌灿烂的灯光，我在心里祷告说："主啊，你让我也到那宽敞的园区里牧会一下吧。我愿蒙主使用"。实际上，在公寓园区牧会并不是我的梦，我只是为了主的荣耀而想到更大的舞台上做工而已。我就像小孩子一样，一直缠着主不放。祷告中，我在心中开始看到松岛新城了。

再次怀着异象，走向"松岛"新城市

我与妻子以及圣徒们怀着对松岛新城的蓝图，开始热心祷告起来。我们相信，只要神的旨意临到，即便是现在看起来很困难，最终也必能够将帐幕挪移到松岛新城去。4年前，我结束在美国的聚会刚回到仁川机场时，心中就有了有火降下来的感觉。我相信这就是神的应答。我随即打电话给教会事务长，令他到网上确认一下，是否有松岛新城城市开发本部发出的关于宗教用地招标的公告。果然，照着我的直觉那里发出了

宗教用地招标公告。我们全力投入到祷告中。我们盼望着主的旨意能够临到我们的决定上。当时有很多教会和人们参与了投标。当时真可谓是"若没有神主管的奇迹，简直就难以中标"的境况。我们除了依靠祷告的力量之外，别无他法。

投标的当日，神又借着我的妻子作出了应答。妻子与众圣徒们正在祷告时，忽然看到了异象。妻子在异象中看到：我与许多人在运动场上赛跑。神在终点那里高高举起了我的手。妻子当时就确信：我们一定能够中标！果然，最后我们中了松岛新城的最中心的那块地。中标的那一瞬间，我就跪下来了："主啊，我愿用一生来建造能够将荣耀归主的教会"。我们虽然艰难地中了标，东凑西凑借钱签了约，但却没有建殿的钱。但神是谁呢！其实神为了在松岛建立他自己的教会，早就有了蓝图。后来我们通过汉城的一位长老，申请到了低息贷款。对于我们而言虽然只有'信心的现金'，但到了时候却成了比任何资金都管用的财富！

我们在建造圣殿之前，在中标之地上临时建起了简易礼拜堂并挂起了十字架。这是在松岛第一个立起来的十字架。主日里，我是往返于原来的教堂与新建的简易礼拜堂之间进行事工的。过去的4年里我与圣徒们每天晚上都会在简易礼拜堂里祷告："主啊，求你为松岛赐下耶稣的福分。求主使松岛成为有神的荣耀临在的圣洁城市。主啊，求你在这件事上使用我们"！随着松岛新城上公寓建成并有居民入住，找到简易礼拜堂的信徒就越来越多，所以不得不一再扩大简易礼拜堂。这期间，圣殿建造工程也在顺利进行着。虽然还没有完全竣工，但我们仍在2005年12月24日里在松岛新城那里的新堂里献上了第一场敬拜。那一年的冬天非常冷。新堂因为还没有竣工，所以还没有取暖设施。但是寒冷对于我们来说却根本就不是什么问题。我们将荣耀归于了神，并在无限感恩中向神献上了敬拜。我想当年乘坐五月花号的那些清教徒们刚登上新大陆时的心情，也许与我们当时的心情应该是一样的。神的话语和对神新恩典的期待，驱散了一切寒冷。神之爱教会灿烂的松岛时代就这样开启了。我们祝愿松岛成为有神的荣耀同在的伟大城市。这就是我的见证与盼望。

走向世界宣教的大梦想

松岛新城乃是神赐给我们的应许之地。在不久的将来，松岛就会成为韩国经济之核。松岛有极大的可能打造成为纽约曼哈顿那般的环境。我在松岛越过韩国，看世界，看中国大陆。我确信：主将'神之爱教会'建在松岛上，一定会有神的摄理。我相信：神显然愿我们教会能够为了民族警醒，为世界宣教而成就大事。神之爱教会一定会在松岛上成就神的梦！

现在，神之爱教会拥有地上4层，地下1层的建筑规模，主日里包括孩子在内约有1200多人敬拜神。我们不会满足于此，现再正怀揣着聚集12000多人一同聚集敬拜的梦想而祷告。我盼望我们的教会能够成长为具有影响力的教会。理由只有一个，那就是为了将松岛建成有基督的灵居住的圣城。一切只为了荣耀主！

耶稣基督改变了我人生的颜色，将我的灰色人生蜕变为金色人生。我的经历告诉我，每当耶稣进入到我心中时，我的人生就会发生改变。所以，我在牧会现场里喊了又喊的就是："要遇见耶稣！只要遇见耶稣，卑贱的人生，流浪儿般的人生，就会改变为荣耀的人生"！

自从耶稣进入到我里面的开始，我的人生就发生了天翻地覆的变化。

我现在的样子就是因为一本圣经进入到我心中而成就的奇迹。所以，我现在经常讲的是'能够将圣经内容植入到圣徒心中'的证道。我传讲的是'因信而把那要在未来成就的事件带到现实生活中'的话语，所以能够使人看到当下痛苦那边的盼望。

今年已经83高龄的母亲，最近经常会得到村里人们的称颂。母亲以往的岁月，真可谓是在极度的贫穷中怀着年轻寡妇的悲伤度日的。我小的时候，村里的大人们看我们家人都是特别可怜的，可怜这个穷家里最小的相吉。所以，他们看见我就会不由得给我些吃的。但岁月流逝，我母亲的人生改变了，现在成了全村最幸福的老人。儿女们也都成长的很优秀。

当年可怜的相吉，如今却是全村第一位被安立的牧师，正在展开着拯救灵魂的事工。村里人都说："哭山宅（我母亲的外号）信了耶稣之后，真的蒙福了"。没错，我们家人信了耶稣之后，都蒙福了。耶稣不仅收取了我的，也收取了我们全家人人生的灰色空气，使我们的生活变得清爽起来。我每年5月8日，都会为故乡老人们摆设盛大的宴席，并已经持续了10多年了。我正在尽心服侍那些以往帮助过我的那些好心的人们！

人生就是相遇！我就是因为遇见了耶稣，才改变了人生。更何况，借着神之爱教会那些众多的'属灵伴侣'，使我的生活与事工是那样的滋润。感谢神，愿将一切的荣耀都归于神！阿们！

IGC(Incheon Global Campus) 전경

PART 03

IGC(Incheon Global Campus)
외국 대학교 소개

chapter 01

한국뉴욕주립대학교
SUNY(The State University of New York) Korea

한국뉴욕주립대학교는 2012년 3월 인천글로벌캠퍼스에 최초로 개교한, 학부와 석박사를 모두 갖춘 국내 최초의 미국 대학입니다. 미국 64개 뉴욕주립대 캠퍼스 중 최상위 캠퍼스의 우수 프로그램과 커리큘럼을 이수할 수 있으며 졸업 시 미국 뉴욕주립대학교와 동일한 학위를 수여받게 됩니다. 다양한 분야의 노벨상 수상자를 배출한 것으로 입증된 명문 커리큘럼과 토론 수업 등 미국식 대학 교육의 장점이 한국의 우수한 교육 환경과 합리적인 체류 비용, 다양한 장학 제도와 만나 학생들을 세계적인 인재로 성장시킬 것입니다.

한국뉴욕주립대학교의 학부와 대학원 과정은 모두 미국 뉴욕주립대 스토니브룩의 교과 과정으로 미국에서 직접 입학과 졸업사정을 담당하며, 2학년 1년간은 미국 스토니브룩에서 공부하게 됩니다. 또한 FIT 패션스쿨, 빙햄튼 등 뉴욕주립대 64개 캠퍼스의 우수한 학과를 선정해 추가로 개설할 계획에 있습니다. 우수한 성적의 학생들뿐 아니라 특정 분야에 재능이 있거나 잠재력을 가진 학생들을 미국식 입학사정관제에 의해 선발하고 있으며, 미국, 캐나다, 중국, 에콰도르, 키르기스스탄, 부르키나파소, 케냐, 스리랑카, 베트남, 인도 등 20여 국가의 학생들이 재학 중입니다.

통섭형 인재 양성과 융합 교육 등을 강조하고 있으며, 교내 RC 프로그램을 통해 포용과 배려 등 훌륭한 인성을 갖춘 진정한 리더로 성장시키는 데 주력하고 있습니다. 또한 전 세계 대학, 연구소, 기업이 함께 어우러진 3세대 글로벌 교육연구 혁신 허브를 지향하여 글로벌 기업, 기관들과 협력해 실무 경험을 쌓도록 하고 있습니다.

Message from President. Dr. Choon Ho Kim

안녕하세요. 교육을 통해 미래를 열어 가는 History Makers, 한국뉴욕주립대에 오신 것을 환영합니다.

한국뉴욕주립대학교는 한국에 설립된 최초의 미국 대학이며 대학, 연구소, 기업이 함께 어우러진 글로벌 교육 연구의 혁신적 허브를 지향합니다. 미국 뉴욕주립대학교 스토니브룩에서 온 교수진과 세계 각국의 학생들이 모여 글로벌 교육, 지식, 이노베이션 허브의 주축이 되고자 합니다.

한국뉴욕주립대학교의 교육 목표는 다양한 문화를 흡수하고 세계 변화에 능동적으로 대처하며 문제를 해결할 수 있는 창의적인 글로벌 인재를 양성하여 이후 본교의 졸업생이 국내를 넘어 아시아와 세계 시장에서 환영받도록 하는 것입니다. 명문 커리큘럼과 동일한 졸업 학위, 미국식 대학 문화와 한국 문화의 조화, 저렴한 체류 비용, 다양한 장학 제도, 글로벌 네트워크, 폭넓은 진로 선택, 실력과 인성 교육 균형 등의 강점을 가지고 있습니다.

우수한 성적의 학생들뿐 아니라 한 분야에 특별한 재능이 있거나 자신만의 장점이 있는 학생들이 미국식 사정관제에 의해 선발되어 재학 중이며, 미국, 중국, 키르기스스탄, 우즈베키스탄, 케냐, 가나, 스리랑카, 베트남, 인도 등 20여 개의 다양한 국가의 학생들이 지원하여 외국인 학생의 비율이 30%를 넘습니다. 특히 인성이 중요시 되는 시대에 실력에 걸맞은 인성을 가질 수 있도록 중점을 두고 교육하여 포용과 배려를 갖춘 진정한 리더를 키워 나갈 것입니다. History Makers가 될 여러분을 한국뉴욕주립대학교에 초청합니다.

경영학과 Business Management

경영학과(재무&회계)에서는 경영관리, 재무계획, 회계관리를 배우며 분야별 전문적인 역할에 대하여 공부합니다. 스토니브룩 대학에서 세 번째로 큰 학과이며, 교수진은 AT&T, 보잉(Boeing), 필립모리스와 같은 세계적인 기업에서 최고의 실력을 갖추고 풍부한 경험을 쌓은 실무자들로 구성되어 있습니다.

응용수학통계학과 Applied Mathematics & Statistics

응용수학통계학은 시스템, 경영, 엔지니어링, 회계 및 통계 분야에서 수학적 기술을 가지고 어떻게 문제를 다루고 해결하는지에 대해 공부합니다. 정보통신(IT), 전자건축, 회계 등 다양한 분야에 취업하고 있으며, 특히 스토니브룩 대학 응용수학통계학은 *〈USA TODAY〉에서 상위 3위에 랭크될 만큼 수준 높은 커리큘럼을 자랑하고 있습니다.

(*USA TODAY : 미국 전국에서 발행되는 일간 신문)

기계공학과 Mechanical Engineering

기계공학과는 엔지니어링의 핵심 학과로서 물리, 과학, 수학 분야의 적성과 흥미가 요구되며, 이 같은 분야의 지식을 사회적 필요에 적용할 수 있는 능력을 요구합니다. 스토니브룩 대학의 기계공학과는 미국 공학기술인증원인 ABET의 인증을 받은 명문 학과이며, 이론 중심이 아닌 실무 중심의 과정으로 다양한 분야에 취업하고 있습니다.

기술경영학과 Technological Systems Management

기술경영학과에서는 현대 기술의 기본적인 특성과 경향에 대해 배우고, 현대 기술을 도구 삼아 일반 경영과 사회에 어떻게 적용할지를 공부합니다. 스토니브룩 대학 기술경영학과에서는 정보저장, 통신, 소통을 위한 능력 개발을 위하여 더 직접적이고 구체적인 방식의 디지털 네트워크 기술에 초점을 맞추고 있습니다.

컴퓨터과학과 Computer Science

컴퓨터과학은 컴퓨터의 구조, 소프트웨어 개발, 정보 처리, 컴퓨터 응용, 알고리즘적 문제 해결 및 수학 원칙을 포함한 컴퓨터 시스템에 대해 연구하는 학문입니다. 스토니브룩 대학의 컴퓨터과학과는 최근 미국 *NRC 설문조사에서 상위 20위 내에 랭크된 미국 내에서도 명성이 높은 학과입니다.

(*National Research Council : 미국 국립연구평가기관에서 주관하는 설문조사)

- 연락처 : 032-626-1114
- 주소 : 인천광역시 연수구 송도문화로 119
- 홈페이지 : www.sunykorea.ac.kr

한국조지메이슨대학교
George Mason University Korea

조지메이슨대학교(George Mason University, GMU)는 1957년 미국 버지니아 주 페어팩스에서 개교하였고, 현재 약 3만 4000명의 학생들이 재학 중인 버지니아 주 최대 공립종합대학교입니다. 비교적 짧은 역사에도 불구하고 2011년 전미 주립대학교 순위에서 69위에 오를 정도로 주목받고 있으며, 특히 경제학과 경영학 분야에서 그 우수성을 인정받고 있습니다. 조지메이슨대학교는 미국 페어팩스, 알링턴, 프린스 윌리엄, 라우든 카운티에 캠퍼스를 두고 있으며 아시아 최초로 한국 송도에 캠퍼스(한국조지메이슨대학교)를 개교하였습니다. 특히 송도캠퍼스의 경제학과와 경영학과는 조지메이슨대학을 대표하는 학과 중 하나이며, 경제학과는 노벨경제학상 수상자인 제임스 뷰캐넌(James M. Buchanan)과 버넌 스미스(Vernon Smith) 등의 우수한 교수진으로 명성을 떨치고 있습니다. 또한 조지메이슨대학 경영대학은 전 세계 경영대학의 5%만 선정되는 국제경영대학발전협의회(Association to Advance Collegiate Schools of Business international, AACSB International) 인증 대학 중 상위 15%에 랭크되었을 정도로 독보적인 위치를 차지하고 있습니다.

Message from President. Dr. Steven K. Lee

한국조지메이슨대학교는 2014년 봄, 송도에 위치한 인천글로벌캠퍼스에 개교하여 세계 각지에서 온 학생들에게 최상의 교육을 제공하고 있습니다. 조지메이슨대학교의 이름은 미국의 역사적인 개척자 조지 메이슨의 신념을 잇기 위해 명명된 것입니다. 조지메이슨대학은 미국 대학 중 비교적 짧은 역사에도 불구하고, 지난 50년간 혁신적인 이념과 지속적인 변화를 선도함으로써 세계적인 대학으로 급부상했습니다. 버지니아 주립대학교의 분교로 평범하게 출범한 조지메이슨대학은 개개인의 자아 개발을 넘어 세계의 경제, 정치, 사회, 문화 등 여러 분야에서 선구적인 역할을 하며 커다란 영향을 미치고 있습니다. 조지메이슨대학은 그간의 혁신과 창의로 일궈 낸 눈부신 업적에 만족하지 않고 또 하나의 창조를 꿈꾸고 있습니다. IT, 경제, 문화 등 다양한 분야에 걸쳐 세계 초강대국으로 부상한 대한민국에서 세계 시민 누구나 우수한 교육을 접할 수 있게 되었습니다. 최고의 교육 환경을 갖추고, 구성원 모두가 지식과 학문 탐구는 물론, 글로벌 사회와 기업에서의 실전 체험을 통해 지성과 전문적 경험을 쌓을 수 있는 실천 교육의 발판을 마련했습니다.

학과 소개 | Degrees & Programs

경제학과 Economics, BS & BA

Masonocomics(Mason+economics)라는 조지메이슨대학교의 경제학과만의 명칭이 따로 생길 정도로, 조지메이슨대학교 경제학과는 경제학에 대한 독특한 접근 방식으로 세계적인 명성을 얻고 있습니다. 특히 공공경제학과 실험경제학 분야는 두 명의 노벨상 수상자를 각각 배출하는 등 학문적으로 두각을 나타내고 있습니다. 조지메이슨대학교의 경제학 학부 과정은 복잡한 현대 사회를 이해하는 것을 필수 요소로 여기고 경제 이론을 사회와 정책에 적용해 분석하며 경제학적 사고력을 키우게 됩니다.

조지메이슨대학교 경제학과를 졸업한 학생들은 경제 연구와 분석을 주로 하는 민간 기업과 정부 부처, 컨설팅회사, 무역협회 등에서 경제 전문가로 활동하게 됩니다. 또 경제학은 기업체의 일반 사원으로 입사할 때도 환영받는 전공 중 하나입니다. 경제학 석박사 과정이나 경영대학원(MBA)으로의 진학도 가능합니다. 조지메이슨대학교 졸업생들은 하버드와 스탠퍼드 등 미국 내에서 최고로 평가받는 대학원에 진학하고 있습니다.

경영학과 Management, BS

조지메이슨대학교 경영학과는 세계 최고 수준의 교육 과정은 물론 기업들과의 전략적 제휴를 통해 미래의 비즈니스 리더를 배출하는 산실입니다. 세계 정치 경제의 중심지인 워싱턴 D.C.와 가까운 지리적 이점을 활용해 글로벌 기업들과 협력하고 있습니다. 기업 경영인과 관리자들, 공공기관이 직접 학교를 찾아와 강의를 진행하고 진로 상담을 도와주는 등 조지메이슨과 긴밀한 관계를 유지하고 있습니다. 따라서 조지메이슨의 경영학과 학생들은 학문적 지식과 실무 능력을 겸비함으로써 세계화에 대비하고 있으며, 졸업 후 공공 및 민간 부문에서 지도자, 경영인 및 기업인의 역할을 수행하는 능력을 갖추게 됩니다.

조지메이슨대학교의 경영학은 세계 최고 권위의 경영학 교육 국제인증인 AACSB에 등록되어 있습니다. AACSB는 Association to Advance Collegiate School of Business, 즉 국제경영대학발전협의회로서, 미국 내 주요 경영대학 학장들이 1916년 설립한 인증기관입니다. 경영대학이 갖춰야 할 요건을 정한 뒤 이를 충족시킨 수준 높은 경영대학에 인증을 부여합니다. 현재 전 세계 상위 5%의 경영대학들이 AACSB 인증을 받았는데, 조지메이슨대학교는 그중에서도 상위 15%에 속해 전 세계 3% 안에 들 만큼 독보적인 위치를 차지하고 있습니다. 한국조지메이슨대학교의 학생들은 본교의 우수한 교수진과 커리큘럼을 똑같이 경험할 수 있습니다.

국제학과 Global Affairs, BA

국제학과 학부 과정은 국제 문제에 관심이 있는 학생들을 위해 준비되었으며, 학제적 프로그램으로 사회 전반에 영향을 미치는 글로벌 프로세스를 학생들에게 소개합니다. 국제학 전공 학생들은 국제 전문가들과 함께 공부하며 국제정치, 경제, 문화 그리고 국제 개발을 공부하게 됩니다. 또 세계의 관심 지역에 대해 공부하고, 어떤 글로벌 프로세스를 거쳐 현재의 모습에 이르렀는지를 탐구하게 됩니다.

한국조지메이슨대학교 국제학과 학생들은 과거와 현재의 글로벌 트렌드에 대한 이해와 수준급 언어 능력을 갖춤으로써 국제 무대에서의 활동이나 대학원 과정 등 세계 어디서든 최고의 대우를 받는 인재로 성장하게 됩니다. 또 세계 곳곳의 문화와 국제 교류에 대해 경험할 수 있으며, 세계 각국의 행정 및 국제기구가 위치한 워싱턴 D.C.에서 인턴십으로 일함으로써 실무 역량을 키울 수 있습니다.

재무금융학과 Finance, BS

한국조지메이슨대학교의 재무금융학과는 개인, 사업체, 정부기관 등이 자금 획득 및 투자에 필요한 결정을 내릴 때 사용하는 기술과 개념 등을 포괄하여 교육합니다. 재무금융학을 전공한 인력에 대한 수요는 항상 있어 왔는데, 그 이유는 해당 인력들이 자산평가, 공개공모, 포트폴리오 투자전략, 재무재표, 배당정책, 시장규제, 국제분산투자 및 자본예산 등과 관련된 분야에서 필요하기 때문입니다. 또한 재무금융학과에서는 민간과 공공 부문에서 전문적인 투자는 물론 경영과 관련된 경력을 쌓을 수 있습니다.

회계학과 Accounting, BS

한국조지메이슨대학교 회계학과는 공공회계, 사회계, 관청회계 등과 관련한 직업 경력을 쌓을 수 있도록 도와줍니다. 이 학과에서는 회계의 기본적인 골자와 재무, 경영회계, 회계감사, 세무회계, 회계정보 시스템 등 학문의 상업 지식을 습득하여 해당 직종이 업무적으로 갖는 위치, 책임, 직업 윤리, 분석 및 소통 능력과 컴퓨터 사용 능력 등을 중심으로 학습하게 됩니다. 회계학과 학생들은 영리와 비영리 단체에서 재무 관련 전문 인력으로서 갖추어야 할 체계적인 지식을 습득하게 됩니다.

- 연락처 : 032-626-5000
- 주소 : 인천광역시 연수구 송도문화로 119
- 홈페이지 : https://masonkorea.gmu.edu

chapter 03

유타대학교 아시아캠퍼스
The University of Utah Asia Campus

유타대학교 아시아캠퍼스는 인천글로벌캠퍼스 창립 교육기관의 일원이 된 것을 영광으로 생각합니다. 전 세계 학생들이 아시아캠퍼스를 통해 유타대학교의 훌륭한 교수진과 교직원들, 그리고 미국의 대학 문화를 쉽게 접할 수 있게 되었습니다. 아시아캠퍼스는 학생들에게 다양한 학부와 석사 과정을 제공하고 있으며, 앞으로 더욱 다양한 분야의 학위 과정이 제공될 예정입니다. 유타대학교 아시아캠퍼스는 현재 신문방송학과, 심리학과, 사회복지학과, 영화영상학과, 도시계획학과 이렇게 다섯 개 학부 전공과 공중보건학과 석사 과정을 제공하고 있습니다. 유타대학교 아시아캠퍼스의 모든 학생들은 유타대학교 본교와 동일한 학위를 수여받으며, 본교에서 직접 파견된 우수한 교수진들로부터 지도와 교육을 받게 됩니다. 학부생은 유타대학교 아시아캠퍼스에서 3년을 수학하고, 나머지 1년은 솔트레이크시티 캠퍼스에서 공부하게 됩니다. 대학원생은 학위 과정 중 아시아캠퍼스에서 1년을 수학하고, 나머지 1년은 솔트레이크시티 캠퍼스에서 보내게 됩니다.

Message from President. Dr. David W. Pershing

유타대학교 아시아캠퍼스에 오신 것을 환영합니다.

유타대학교는 인천글로벌캠퍼스 창립 교육기관의 일원으로서, 유타대학교 아시아캠퍼스에서 신문방송학, 심리학, 사회복지학, 영화영상학, 도시계획학 및 공중보건학 등의 우수한 프로그램을 제공할 수 있게 되어 기쁘게 생각합니다. 유타대학교에서는 학생의 성공을 최우선 과제로 삼고 있으며, 수준 높은 교육과 더불어 실무 중심의 교육과 아이디어를 실현하는 데 필요한 지원을 충분히 제공할 것입니다. 150년이 넘는 역사를 자랑하는 유타대학교는 미국과 전 세계에서 최고의 대학으로 꾸준히 손꼽히고 있습니다. 이러한 유타대학교에서, 학생들은 학문을 탐구하여 창조와 혁신을 이룰 수 있도록 이끌어 주고 격려해 줄 연구진과 저명한 교수진들과 함께할 기회를 갖게 되며, 지적 가치를 지니는 철저하고 고무적인 연구 과정을 통해 미래를 준비하게 될 것입니다.

유타대학교 아시아캠퍼스 학생들은 캠퍼스 커뮤니티의 일부로서 본교에서도 따뜻한 환영을 받을 것이며, 유타 캠퍼스의 자연환경에서 경험할 수 있는 다양한 활동과 비교할 수 없는 자연의 아름다움을 발견할 것입니다. 저희는 유타대학교 아시아캠퍼스 학생들이 배움의 기초를 닦으면서, 자신의 미래를 준비하고 글로벌 리더로 성장할 것을 확신합니다. 유타대학교는 '상상하라, 그리고 실행하라'라는 슬로건처럼, 학생들이 자신의 가능성에 대해 생각하고 꿈을 현실로 만들어 갈 수 있도록 격려와 지원을 아끼지 않을 것입니다. 다시 한 번, 유타대학교 아시아캠퍼스에 오신 여러분들을 환영합니다.

학과 소개 | Degrees & Programs

신문방송학과 Communication BA & BS

유타대학교의 신문방송학과는 이론 및 방법론적 전문성을 비롯해 학문적 연구는 물론 실무와 기술적인 지식 및 훈련에도 중점을 두고 있습니다. 유타대학교의 신문방송학과는 커뮤니케이션 부문 최고의 학부로서 많은 수상 경력에 빛나는 훌륭한 교수진, 학부 프로그램 그리고 첨단 시설을 갖추고 있습니다. 이 학부는 비판 이론, 문화 연구, 생태학, 법, 대중문화, 인종 및 민족, 그리고 수사학 부문에서 그 우수성을 인정받고 있습니다. 5개의 첨단 연구 분야, 즉 비판/문화 연구, 환경, 과학 그리고 보건 커뮤니케이션, 개인 간 및 조직 커뮤니케이션, 미디어 및 기술, 그리고 수사학을 통해 최고 수준의 문학 학사 및 이학 학사를 길러내고 있습니다.

심리학과 Psychology BS

심리학은 현대 생활의 거의 모든 측면과 관련된 질문을 탐구하면서 인간의 사고와 형태를 이해하기 위해서 노력합니다. 유타대학교 아시아캠퍼스 심리학부 과정은 광범위한 강의와 다양한 실습 기회를 제공하는 유타대학교 내의 가장 큰 학부 중 하나입니다. 심리학 전공 과정은 5개의 핵심 영역(인지, 행동신경과학, 임상, 발달, 사회심리)으로 구분됩니다. 각 핵심 영역 내에는 다양한 과정들이 있으며, 대부분의 과정이 환경과 행동 및 인지신경심리학, 혹은 인간 수행과 인간 공학, 건강 심리학과 같은 현장의 학제적 성격을 반영하고 있습니다. 또한 본 전공은 통계 및 연구 방법에 대한 훈련을 중심으로 학생들의 다양한 연구 경험 기회를 제공합니다.

사회복지학과 Social Work BSW

수천 가지 방법으로 사회복지사들은 국가와 세계에 있는 모든 종류의 사람들을 돕고 있습니다. 사회복지는 단순히 하나의 직업이나 전문 직종이 아닙니다. 그것은 모든 종류의 개입을 통해서 상황을 더 발전시키기 위한 하나의 열정입니다. 유타대학교 아시아캠퍼스의 사회복지학사(BSW) 프로그램은 학생들이 점점 더 세계화되는 사회에서 인간이 공통적으로 직면한 문제를 인지하고 그에 대응하는 준비를 할 수 있도록 노력하고 있습니다. 사회복지학사 과정의 교육과 훈련은 사회복지의 관점이 제공할 수 있는 고유한 역량을 강조함으로써 빈곤, HIV/AIDS, 인신 매매, 장애,

가정폭력, 청소년 및 성인 범죄, 전쟁 난민, 그리고 정치적 분쟁과 같은 전 세계적인 문제에 대처하고 있습니다.

영화영상학과 Film & Media Arts BA

영화영상학 문학사 프로그램(B.A. in Film & Media Arts Program)은 학생들에게 영화의 역사, 미학, 비판을 통하여 우리 시대를 정의하는 예술 형식에 대하여 면밀히 검토할 수 있는 기회를 제공합니다. 영화와 비디오 제작의 폭넓은 경험은 프로그램의 필수 요소 중 하나이며, 이를 통해 UAC 학생들은 영화의 이론과 실습에서 탄탄한 지식과 경험을 가지고 졸업하게 됩니다. 서사, 다큐멘터리, 실험 및 애니메이션 등 다양한 형식의 세계 여러 나라 시네마들이 프로그램의 핵심 주제로 다뤄지며, 이를 통해 자신의 문화를 표현할 뿐 아니라 다른 문화를 이해하고 경험하는 수단으로 영화를 생각해 보는 사고력을 키우게 됩니다.

도시계획학과 Urban Ecology BS

유엔의 세계 도시화 전망(The United Nations' World Urbanization Prospect)에 따르면, 세계 인구의 54%가 도시 지역에 거주하고 있으며 이는 2050년에 66%로 증가할 것이라고 예측하고 있습니다. 이러한 세계의 도시화는 해당 분야의 요구와 문제점을 파악하고 해결책을 제시할 수 있는 전문가에 대한 요구로 이어지고 있습니다. 도시계획학 이학사 프로그램(B.S. in Urban Ecology Program)은 사회적, 환경적, 그리고 경제적 시스템 간의 상호작용을 탐구하며 이를 통해 공동체의 삶과 지속 가능성을 향상시키는 방향을 제시합니다.

- 연락처 : 032-626-6000(626-4505)
- 주소 : 인천광역시 연수구 송도문화로 119
- 홈페이지 : https://asiacampus.utah.edu

chapter 04

겐트대학교 글로벌캠퍼스
Ghent University Global Campus

"WE OFFER A PLATFORM TO DISSENTING VOICES, AND WILDCARDS TO OUT-OF-THE-BOX IDEAS."

겐트대학교는 1817년에 설립되었습니다. 약 200년이 흐른 현재, 겐트대학교는 상해교통대학에서 평가한 세계대학학술순위(Academic Ranking of World Universities) 70위(생명과학 분야 41위), 타임스 세계대학평가(Times Higher Education World University Rankings) 90위(생명과학 분야 38위)에 위치하는 등 유럽을 선도하는 우수한 대학이자 연구기관 중 하나로 발전하였습니다. 현재 겐트대학교는 산업통상자원부, 교육부, 인천시 경제자유구역청(IFEZA)이 함께 추진하는 해외 우수 대학 국내 유치사업에 초빙되어 2014년 9월, 인천글로벌캠퍼스 내 겐트대학교 글로벌캠퍼스가 개교하여 운영 중에 있습니다. 겐트대학교는 인천글로벌캠퍼스에 입주한 최초의 유럽 대학입니다.

Message from President. Dr. Anne De Paepe

겐트대학교 글로벌캠퍼스를 찾아 주신 여러분을 진심으로 환영합니다. 겐트대학교 총장으로서 인천글로벌캠퍼스에 참여하게 된 것을 자랑스럽게 생각합니다. 특히 겐트대학교가 인천글로벌캠퍼스 내 최초의 유럽 대학이라는 사실이 저를 더욱 설레게 합니다.

겐트대학교의 확장캠퍼스(extended campus)인 겐트대학교 글로벌캠퍼스에는 분자생명공학과(Molecular Biotechnology), 환경공학과(Environment Technology), 식품공학과(Food Technology)의 학부 과정이 개설되며 향후 석사 과정도 추가될 예정입니다. 겐트대학교는 위 학과들이 속해 있는 각 분야에서 세계를 선도하는 대학으로 자리매김해 왔습니다.

겐트대학교 글로벌캠퍼스는 물리적 거리에도 불구하고 본교와 동일한 수준의 유럽식 교육을 제공할 것이며, 학생들은 세계적인 명성의 석학들로부터 강의를 듣고 그들의 지도를 받게 될 것입니다. 겐트대학교 글로벌캠퍼스의 커리큘럼은 엄격하고 많은 노력을 필요로 하지만, 이러한 과정을 성공적으로 마치는 학생들에게는 세계적으로 널리 인정받는 벨기에 겐트대학교와 동일한 학위가 수여될 것입니다.

겐트대학교 글로벌캠퍼스는 어디에도 비견할 수 없는 높은 수준의 교육을 제공할 것입니다. 200년의 역사를 지닌 대학의 경험으로부터 학생들은 탄탄한 이론적 지식과 실무 능력을 배양하게 될 것입니다. 강의에만 치중하는 많은 대학들과 달리 겐트대학교 글로벌캠퍼스는 이론 강의와 함께 실제 생활에 적용 가능한 실용기술 교육을 병행할 것이며, 이를 통해 학생들은 각 분야의 우수한 전문가로 우뚝 서게 될 것입니다.

겐트대학교의 모토는 '과감히 생각하라'(dare to think)입니다. 저는 겐트대학교 글로벌캠퍼스의 학생이 될 여러분이 급변하는 세상에 도전하기 위해 과감하게 사고하고 창의적으로 활동하길 희망합니다.

학과 소개 | Degrees & Programs

분자생명공학과 Bachelor of Science Molecular Biotechnology

분자생명공학과는 생명체의 분자적 과정(molecular process)에 대한 원천 지식을 개발할 수 있는 비판적 사고의 독립적인 과학자를 양성하는 것을 목표로 합니다. 본 학과 졸업생은 질병이 일어나는 메커니즘을 이해하는 데 기여할 수 있을 뿐 아니라 정밀화학, 제약, 바이오 연료 등의 제조를 위해 살아 있는 세포 또는 유기체를 사용하는 다양한 산업 분야에서 공학적 기법을 활용할 수 있게 됩니다. 또한 새로운 생체분자제품 및 생산과정을 개발하고 이들의 품질을 통제하고 관리하는 전문가로 성장하게 됩니다.

환경공학과 Bachelor of Science Environment Technology

현대 사회는 환경 전반에 걸친 다양한 문제와 천연자원의 고갈을 해결하고 보다 지속 가능한 삶의 방식을 개발하는 더 많은 환경 전문가들을 필요로 합니다. 환경공학과는 환경오염과 관련된 개념과 이슈에 관한 풍부한 지식을 갖춘 환경 전문가를 양성하는 것을 목표로 합니다. 학생들은 환경오염의 수준을 감지하고 계량화하고, 환경오염이 생태계, 동식물, 그리고 인간에게 미치는 영향과 위험을 평가할 수 있도록 훈련됩니다. 또한 환경오염의 예방과 개선을 위한 기술을 설계하고 적용하는 방법을 배우게 됩니다. 졸업 후에는 정부기관, NGO, 교육기관, 연구기관 등에서 근무하거나 여러 기업들 또는 컨설팅 분야에서 환경 전문가로 활동할 수 있습니다.

식품공학과 Bachelor of Science Food Technology

식품공학과는 학생들이 졸업 후 다양한 식품 관련 분야(제품 개발, 생산, 품질 보증, 정부 정책, 검사 등)에서 활약할 수 있도록 식품 과학 및 영양의 다양한 측면을 교육합니다. 본 학과 졸업생은 식품의 생산, 저장 및 준비 기간 동안 원재료에서 발생하는 다양한 과정을 개시, 통제 및 관리할 수 있게 됩니다. 또한 정량적이며 공학적인 접근법을 통해 이러한 과정들이 인간의 건강에 어떠한 영향을 미치는지 고려할 수 있게 됩니다. 식품 과학 및 영양에 관한 고유 지식뿐만 아니라 광범위한 융합 지식을 통해 식품 사슬(food chain)의 전 과정에서 발생하는 문제에 대해 혁신적인 해결 방법을 제시할 수 있게 됩니다. 나아가 졸업생은 향후 관련 연구 분야에서 석사 과정을 이수하게 될 경우 중요한 밑거름이 될 과학적 학습 태도를 습득하게 됩니다.

- 연락처 : 032-626-4000
- 주소 : 인천광역시 연수구 송도문화로 119
- 홈페이지 : : www.ghent.ac.kr

PART 04

맺음말:
IGC 연합교회의 사명

사명 1. 십자가를 증거하는 교회

우리가 믿는 기독교 신앙은 예배를 드릴 장소, 제사의 제물, 제사장이 필요 없는 신앙입니다. 이것은 예수님 당시에는 이해가 불가능했을 뿐만 아니라 비판의 대상이었습니다. 그러나 예수님 탄생 2천 년이 지난 현재까지도 수많은 교회는 예배를 드릴 장소와 건물에만 엄청난 재정을 투자하고 있습니다. 교회당 위에 세워진 십자가의 의미는 이 교회가 예수님의 희생과 헌신을 따르는 교회임을 증거하지만, 장소와 건물에 투입되는 많은 헌금을 어떻게 설명할 수 있을까요. 이제 첫발을 내딛는 IGC 연합교회는 현재 부동산 재산이 전혀 없으며 앞으로도 소유할 가능성이 없습니다. 교회의 사명인 십자가, 즉 예수님의 희생과 헌신을 그대로 따르며 증거하기 위함입니다.

사명 2. 청년 대학생을 양육하는 교회

성경적인 교회 공동체의 구성은 다음과 같습니다.

- 머리 : 예수 그리스도
- 뼈대 : 하나님의 속성, 성경의 권위, 건전한 교리, 영적 권위, 개인의 성결한 생활
- 근육 : 예배, 기도, 선교, 훈련, 헌금, 친교, 설교
- 생명 : 사랑, 겸손, 순종, 기쁨, 감사, 평안, 용서, 연합, 융통성, 자기훈련

IGC 연합교회는 청년 대학생들이 이와 같은 성경적인 교회 공동체를 이

루어 가도록 양육하고 도울 것입니다. 이를 통해 다양한 전문성을 갖춘 영적 기독 지도자들을 배출하여 이웃을 섬기도록 할 것입니다. 세상 역사는 지도자의 역사라고 해도 과언이 아닙니다. IGC와 인근에 있는 연세대학교 캠퍼스까지, 이 지역에는 내일의 지도자를 꿈꾸는 학생들과 교직원 6천명이 함께 생활하고 있습니다. 이들을 돌보고 양육하는 것은 미래를 열어갈 중요한 사명입니다.

사명 3. 더불어 살아가는 세상을 만드는 교회

IGC 연합교회는 동서양의 만남으로 세계화에 앞장서겠습니다. IGC에는 이미 4개의 외국 대학교가 설립되어 있습니다. 이 학교들의 본교는 모두 미국과 벨기에의 공립대학으로 글로벌 리더들을 양성하고자 한국에 캠퍼스를 개설하였습니다. IGC 연합교회는 이 학교들에 있는 다양한 학생들을 섬기며 더불어 살아가는 세상을 만들겠습니다. 외국 대학교들의 교육 목표는 다음과 같습니다.

한국뉴욕주립대학교

한국뉴욕주립대학교는 학생들에게 엄격한 교육을 실시하여 미션 지향(Mission Alignment), 문제 해결 능력, 바른 인성을 가진 '글로벌 지도자'가 될 수 있도록 가르치고 있습니다. 새로운 시대의 변화에 적극적으로 참여하고 문화의 다양성을 수용하는 창의적 인재를 배출합니다.

유타대학교 아시아캠퍼스

혁신과 협동, 기업가 정신을 강조하는 유타대학교는 미국에서 가장 많은 창업 기업을 배출해 낸 대학교 중 하나로서, 세계적인 수준의 교육과 선도적인 연구 활동을 통해 혁신적인 마인드와 창의력, 기업가 정신을 갖춘 인재를 배출하는 것을 목표로 하고 있습니다.

한국조지메이슨대학교

조지메이슨대학교는 사회에 지속적인 기여를 할 수 있는 기술과 지식을 갖추고, 비판적 사고를 하는 활동적인 시민이 되도록 학생들을 준비시키는 것을 목표로 합니다.

겐트대학교 글로벌캠퍼스

지구상의 생명체는 인류의 가장 소중한 자원이며 책임감 있게 관리되어야 한다는 비전을 가지고, 겐트대학교 글로벌캠퍼스는 전 인류를 위해 지식과 공학의 경계를 넓힐 수 있는 생명과학자, 공학자를 양성하는 것이 목표입니다.

이처럼 4개 외국 대학교는 현재와 미래를 위해 다양한 목적으로 설립되었습니다. 그리고 해외 35개 국가에서 유학 온 학생들이 함께 생활하고 있습니다. IGC 연합교회는 이 학생들이 모두 더불어 사는 삶을 살 수 있도록 도울 것입니다.

사명 4. 다문화 시대를 준비하는 교회

35개 국가에서 유학 온 젊은이들이 함께 모여 사는 동네는 우리나라에서 인천시 송도 IGC가 유일합니다. 또한 4개 외국 대학교의 캠퍼스가 모인 곳도 오직 IGC가 유일합니다. 이곳에 세워진 교회가 바로 IGC 연합교회입니다.

한국에는 머지않아 교육의 교환, 외국에서 온 유학생, 이주 노동자, 문화의 세계화가 더욱 급속히 진행될 것입니다. IGC 연합교회는 다문화 현장 가운데 세워질 신앙 공동체의 모델을 세워 갈 것입니다. 이미 미국, 캐나다, 호주, 싱가포르, 홍콩, 독일 등 다문화 사회를 준비한 국가와 사회는 발전하고 성장했지만, 다문화 사회로의 준비가 없는 국가와 사회는 혼란이 거듭되는 현상을 분명히 보고 있습니다.

IGC 4개 대학 캠퍼스와 불과 1km 남짓 떨어져 있는 인천 남동공단에는 외국인 근로자가 약 1만 5천 명 근무하고 있습니다. 루펜다스(Rupan Das) 교수의 논문 '난민 사역의 기초와 철학'에는 이스라엘 민족이 처음에는 유목민으로 광야를 떠돌다가, 나중에 인도함을 받은 그 지역에서 나라를 이루고, 율법을 통해 하나님과 계약적 관계로 들어갔다는 사실이 사회의 약자들을 돌보고자 하는 하나님의 마음을 설명해 준다고 서술하고 있습니다. 출애굽기 23장 9절에서 하나님은 사회적 약자들을 어떻게 대해야 하는지를 지적하고 있습니다.

> 너는 이방 나그네를 압제하지 말라 너희가 애굽 땅에서 나그네 되었었은즉 나그네의 사정을 아느니라

예수님도 '사회적 약자들에 대한 긍휼함'에서 구약의 전통을 철저히 따르셨습니다. 복음서에 등장하는 인물들 중 75~80%는 가난한 자들이었고, 그 땅에 거주하는 외국인들도 포함되었습니다. 지역 교회는 사회구호단체 혹은 인도주의적 전문 구호단체가 아니지만 그리스도의 몸으로서 교

회가 하는 모든 활동은 영적인 의미를 필연적으로 내포하기에 연약한 자들을 향한 사역을 끊임없이 펼치려 노력해야 합니다. IGC 연합교회도 이 사명을 따라 모든 외국인들과 연약한 자들을 섬기는 교회가 될 것입니다.

● IGC 연합교회 예배 안내

어린이 예배 : 주일 오전 10:00

대학생, 성인 예배 : 주일 오전 11:00

장소 : ㈜제너셈 8층 예배당

"여러분을 IGC 연합교회에 초청합니다"